CONCISE
POLISH-ENGLISH
ENGLISH-POLISH
DICTIONARY

Other books by Iwo C. Pogonowski

POLISH-ENGLISH, ENGLISH-POLISH DICTIONARY with Complete Phonetics.

Second expanded edition including linguistic comparison of Polish and English languages in historic perspective.
Hippocrene Books, N. Y. 1983, 700 pp.
ISBN 0-88254-463-2 (casebound)
ISBN 0-88254-464-0 (paperback)

PRACTICAL POLISH-ENGLISH, ENGLISH-POLISH DICTIONARY
Hippocrene Books, N. Y. 1981, 590 pp.
ISBN 0-88254-494-2

Iwo C. Pogonowski

CONCISE
POLISH-ENGLISH
ENGLISH-POLISH
DICTIONARY

WITH COMPLETE PHONETICS

HIPPOCRENE BOOKS
New York

TO MY DAUGHTER DOROTA

CONTENTS - SPIS TREŚCI

WORDS OF APPRECIATION

To Mr. Jerzy A. Starczewski
for typing, proof-reading
and illustrating this dictionary

To prof. Charles H. Powers
Mr. R. Czarnek and Mr. Z. Mach
for proof-reading, and checking
of the spelling against current
standard dictionaries

POLISH-ENGLISH

a /a/ /as"a" in car/ conj. and; or; but; then

aby /á-bi/ conj. to; in order to

adres /ád-res/ m. address

adwokat /ad-vó-kat/ m. lawyer

afisz /á-feesh/ m. poster

akademicki /a-ka-de-méets-kee/ adj. m. academic

akt /akt/ m. deed; act; certificate; painting of a nude

akuszerka /a-koo-shér-ka/ f. midwife

albo /á-lbo/ conj. or; else

ale /á-le/ conj. however; but; still; yet

aleja /a-lé-ya/ f. avenue

alkohol /al-kó-khol/ m. alcohol

aluzja /a-loóz-ya/ f. hint; allusion

ambasada /am-ba-sá-da/ f. embassy

ambicja /am-béets-ya/ f. ambition

Amerykanin /A-me-ri-ká-ñeen/ m.
  American

Amerykanka /A-me-ri-kán-ka/ f.
  American

amerykański /a-me-ri-káñ-skee/
  adj. m. American

analiza /a-na-leé-za/ f.
  analysis

angielski /an-ǵél-skee/ adj.
  m. English

Anglia /áń-glya/ f. England

Anglik /áń-gleek/ m. Englishman

ani /á-nee/ conj. neither; nor;
  no; not even

antybiotyki /an-ti-bee-yó-ti-
  kee/ pl. antibiotics

apetyt /a-pé-tit/ m. appetite

apteka /ap-téch-ka/ f. pharmacy

areszt /á-resht/ m. arrest

arkusz /ár-koosh/ m. sheet

armia /árm-ya/ f. army

artykuł /ar-tí-koow/ m. article

artysta /ar-tí-sta/ m. artist

asekuracja /a-se-koo-ráts-ya/
  insurance

aspiryna /as-pee-rí-na/ f.
 aspirin

asygnata /a-sig-ná-ta/ f.
 order /of payment/

atak /á-tak/ m. attack; charge
 /fit/

atlas /át-las/ m. atlas

atom /á-tom/ m. atom

atrament /a-trá-ment/ m. ink

audycja /aw-díts-ya/ f. broadcast; program

auto /áw-to/ n. motor car

autobus /áw-to-boos/ m. bus

awans /á-vans/ m. promotion;
 advancement

awantura /a-van-tóo-ra/ f.
 brawl; fuss; row

aż /ash/ part. as much; up to;
 till; until

ażeby /a-zhé-bi/ conj. that;
 in order that; so that

babka /báb-ka/ f. grandmother;
 coffee cake; sl. cutie

baczność /bách-noshch/ f.
 attention

bać się /bach shań/ v. fear
bagaż /bá-gash/ m. luggage
bajka /báy-ka/ f. fairy-tale;
 gossip
bal /bal/ m. ball; bale; log
balkon /bál-kon/ m. balcony
bałagan /ba-wá-gan/ m. mess;
 disorder
bandaż /bán-dash/ m. bandage
bank /bank/ m. bank
banknot /bánk-not/ m. banknote
barak / bá-rak/ m. barrack
bardziej /bár-dżhey/ adv. more;
 / emphatic "bardzo" /
bardzo /bár-dzo/ adv. very
barwa /bár-va/ f. color; hue
basen /bá-sen/ m. pool
bateria /ba-tér-ya/ f. battery
bawełna /ba-véw-na/ f. cotton
bawić /bá-veech/ v. amuse;
 entertain
baza /bá-za/ f. base
bąbel /bówn-bel/ m. blister
bądź /bowńch/ conj. either;or

bąk /b오ŵnk/ m. horse fly;
  blunder; vulg.: fart

befsztyk /béf-shtik/ m. beef-
  steak

benzyna /ben-zí-na/ f. gasoline

beton /bé-ton/ m. concrete

bez /bes/ prep. without

bezgotówkowy /bez-go-toov-kó-
  vi/ adj. m. without cash

bezpieczeństwo /bez-pye-chéń-
  stvo/ m. security; safety

bezpłatnie /bez-pwát-ñe/ adv.
  free of charge

bezpiecznik /bez-pyéch-ñeek/
  m. fuse

bezpośrednio /bez-po-shréd-ño/
  adv. directly

bezradny /bez-rád-ni/ adj. m.
  helpless

bezrobotny /bez-ro-bó-tni/
  adj. m. unemployed

białko /byá-wko/ n. egg white;
  protein

biały /byá-vi/ adj. m. white

biblioteka /beeb-lyo-té-ka/ f.
  library
bić /beech/ v. beat; defeat/etc/
bieda /byé-da/ f. poverty;
  trouble
bieg /byeg/ m. run; race
bieżący /bye-zhówn-tsi/ adj. m.
  current; flowing; running
bilet /bée-let/ m. note; ticket
biodro /byód-ro/ n. hip
bitwa /béet-va/ f. battle
biuro /byóo-ro/ n. office
biżuteria /bee-zhoo-tér-ya/ f.
  jewelry
blady /blá-di/ adj. m. pale
bliźni /bleéżh-ñee/ m. fellow
  man
blok /blok/ m. block; pulley
blondynka /blon-dín-ka/ f.
  blonde /girl/
bluzka /blóoz-ka/ f. blouse
błąd /bwownt/ m. error; slip-up;
  mistake; lapse
błąkać się /bwówn-kach shañ/ v.
  wander; stray

błoto /bwó-to/ n. mud

bo /bo/ conj. because; for; as; since

boczny /bóch-ny/ adj. m. lateral side

bogaty /bo-gá-ti/ adj. m. rich

bohater /bo-khá-ter/ m. hero

boisko /bo-eés-ko/ n. stadium

bok /bok/ m. side; flank

boleć /bó-lech/ v. pain; ache

bosy /bó-si/ adj. m. barefoot

Bóg /book/ m. God

ból /bool/ m. pain

brać /brach/ v. take

brak /brak/ m. lack; need; scarcity; shortcoming

brama /brá-ma/ f. gate; doorway

brat /brat/ m. brother

brednie /bréd-ňe/ n. pl. nonsense

brew /brev/ f. eyebrow

broda /bró-da/ f. beard

bronić /bró-ňeech/ v. defend

broszka /brósh-ka/ f. brooch

brud /broot/ m. dirt; filth

brunetka /broo-nét-ka/ f.
  brunette

brwi /brvee/ pl. eye brows

brzeg /bzhek/ m. shore; margin

brzuch /bzhookh/ m. belly

brzydki /bzhíd-kee/ adj. m. ugly

budka /boód-ka/ f. shed; booth
  stand

budować /boo-dó-vaćh/ v. build;
  construct

budzić /boó-dżheećh/ v. wake up

budzik /boó-dżheek/ m. alarm
  clock

burza /boó-zha/ f. tempest;
  storm

but /boot/ m. boot; shoe

butelka /boo-tel-ka/ f. bottle

by /bi/ conj. in order that;
  /conditional/

być /bićh/ v. be

cal /tsal/ m. inch

całkowity /tsaw-ko-vée-ti/ adj.
  m. total; complete

całować /tsa-wó-vaćh/ v. kiss;
  embrace

całus /tsá-woos/ m. kiss

cały /tsá-wi/ adj. m. whole

cegła /tség-wa/ f. brick

cel /tsel/ m. purpose; aim

cena /tsé-na/ f. price; value

charakter /kha-rák-ter/ m.
 disposition; character

chcieć /khćhećh/ v. want; wish

chęć /kháńćh/ f. wish; desire;
 willingness

chętny /kháńt-ni/ adj. m. willing; eager; forward

chirurg /khée-roorg/ m. sur-
 geon

chleb /khleb/ m. bread

chłop /khwop/ m. peasant; man

chłopiec /khwó-pyets/ m. boy

chmura /khmoó-ra/ f. cloud

chociaż /khó-ćhash/ conj.
 even if

chodzić /khó-dźheećh/ v. go;
 walk

chory /khó-ri/ adj. m. sick;
 ill

chować /khó-vačh/ v. hide;
 bury

chód /khoot/ m. gait; walk

chór /khoor/ m. choir

Chrystus /khrís-toos/ m. Christ

chudy /khoó-di/ adj. m. lean;
 thin

chustka /khoóst-ka/ f. handkerchief

chwalić /khvá-leečh/ v. praise

chwila /khvée-la/ f. moment

chwycić /khví-čheečh/ v. grasp

chyba /khí-ba/ part. maybe

chytry /khít-ri/ adj. m. sly

ci /chee/ pron. these; they

ciało /čhá-wo/ n. body; substance

ciastko /čhást-ko/ n. cake

ciągły /čhów̃-wi/ adj. m. un-
 ceasing; continuous; perpetual

ciąża /čhów̃-zha/ f. pregnancy

cicho /čhée-kho/ adv. silently;
 noiselessly

ciekawy /čhe-ká-vi/ adj. m.
 curious; interested

ciemny /ćhém-ni/ adj. m. dark

cień /ćheň/ m. shade

ciepło /ćhé-pwo/ adv. warm

ciepły /ćhép-wi/ adj. m. warm

cierpieć /ćher-pyećh/ v. suffer

cierpliwość /ćher-plee-vośhćh/ f. patience

cierpliwy /ćher-plee-vi/ adj. m. enduring

cieszyć /che-shich/ v. cheer

cieszyć się /ćhé-schich shan/ v. rejoice /in/; enjoy; be glad of

ciężar /ćhãń-zhar/ m. weight; burden

ciężki /ćhãńzh-kee/ adj. m. heavy

ciocia /ćhó-cha/ f. auntie; aunt

cisza /ćhee-sha/ f. silence; calm

ciuch /ćhookh/ m. used clothing

cło /tswo/ n. customs

co /tso/ pron. part. what

codzień /tsó-dżheň/ adv. daily

cofać się /tsó-faćh śhäṅ/ v.
 back up

co najmniej /tsó-nay-mńey/ adv.
 at least; at the least

coś /tsośh/ pron. something

córeczka /tsoo-rétch-ka/ f.
 little daughter

córka /tsoór-ka/ f. daughter

cud /tsoot/ m. wonder; miracle

cudzoziemiec /tsoo-dzo-żhé-
 myets/ m. alien; foreigner

cukier /tsoó-ker/ m. sugar

cyfra /tsíf-ra/ f. number

czapka /cháp-ka/ f. cap

czar /char/ m. spell; charm

czarny /chár-ni/ adj. m. black

czas /chas/ m. time

czasem /chá-sem/ adv. sometimes;
 occasionally; by any chance

cząstka /chóẃnst-ka/ f.
 particle

czek /chek/ m. check

czekać /ché-kaćh/ v. wait;
 expect

czerwiec /chér-vets/ m. June

czerwony /cher-vó-ni/ adj. m. red

czesać /ché-sać/ v. comb

czeski /ches-kee/ adj. m. Czech

cześć /cheśhćh/ f. honor; respect

często /cháńs-to/ adv. often

częsty /cháńs-ti/ adj. m. frequent

część /cháńśhćh/ f. part

człowiek /chwó-vyek/ m. man; human being

czoło /chó-wo/ n. forehead

czterdzieści /chter-dżhéśh-ćhee/ num. forty

czternaście /chter-náśh-ćhe/ num. fourteen

cztery /chté-ri/ num. four

czterysta /chté-ri-sta/ num. four hundred

czuć /chooćh/ v. feel

czuły /choó-wi/ adj. m. tender; affectionate; sensitive

czwartek /chvár-tek/ m. Thursday

czy /chi/ conj. if; whether
czyj /chiy/ pron. whose
czyli /chí-lee/ conj. or;
 otherwise
czynić /chí-ňeečh/ v. do;
 render; act
czysty /chís-ti/ adj. m. clean
czyścić /chíśh-čheečh/ v. clean
czytać /chí-tačh/ v. read
ćwierć /čhwyerčh/ f. one fourth
dać /dačh/ v. give
dalej /dá-ley/ adv. further;
 moreover
daleki /da-lé-kee/ adj. m. distant; remote
dalszy /dál-shi/ adj. m.
 farther
danie /dá-ňe/ m. serving; dish
dar /dar/ m. gift
darmo /dár-mo/ adv. free;
 gratuitously
data /dá-ta/ f. date
dawno /dáv-no/ adv. long ago
dążyć /dõwn-zhičh/ v. aspire;
 tend

dbać /dbach/ v. care; mind

defekt /dé-fekt/ m. defect

denerwować /de-ner-vó-vach/ v.
 bother; make nervous

dentysta /den-tís-ta/ m.
 dentist

depesza /de-pé-sha/ f. wire;
 telegram

deska /dés-ka/ f. plank; board

deszcz /deshch/ m. rain

dewizy /de-veé-zi/ f. pl.
 foreign money

dla /dla/ prep. for

dlaczego /dla-ché-go/ prep.
 why; what for

dlatego /dla-té-go/ prep.
 because; this is why; and so

dłoń /dwoń/ f. palm of the hand

dług /dwoog/ m. debt

długi /dwoó-gee/ adj. m. long

do /do/ prep. to; into

dobranoc /do-brá-nots//indecl./
 good-night

dobry /dób-ri/ adj. m. good

dobrze /dób-rze/ adv. well; OK

dodzwonić się /do-dzvó-ńeećh
śhäñ/ v. get through on the
phone; ring the door bell and
get an answer

dogodny /do-gód-ni/ adj.m.
convenient

dojechać /do-yé-khaćh/ v. reach;
arrive

dojście /dóy-śhćhe/ n. approach

dokąd /dó-kownt/ adv. where;
whither; where to?

dokładny /do-kwád-ni/ adj. m.
accurate; exact; precise

dokoła /do-kówa/ adv. round;
round about

doktor /dók-tor/ m. doctor

dokuczać /do-koó-chaćh/ v. vex;
annoy

dolny /dól-ni/ adj. m. lower

dom /dom/ m. house

domagać się /do-má-gaćh śhäñ/
v. demand

domysł /dó-misw/ m. guess

dopalać /do-pá-laćh/ v. after-
burn; finish smoking

dopasować /do-pa-só-vaćh/ v.
 fit; adapt; adjust
dopiero /do-pyé-ro/ adv. only;
 just; hardly; barely
dopóki /do-poó-kee/ conj. as
 long; as far; while; until
dopóty /do-poó-ti/ conj. till;
 until; so far; up to here
doprowadzić /do-pro-vá-džheećh/
 v. lead to; cause; provoke
doradzić /do-rá-džheećh/ v.
 advise /to do/
dorosły /do-rós-wy/ adj. m.
 adult; grown up; mature
dosięgać /do-śhán-gaćh/ v.
 reach; attain; catch up with
doskonalić /dos-ko-ná-leećh/ v.
 perfect; improve; cultivate
dostać /dós-taćh/ v. get;
 obtain; reach; take out
dostrzec /dó-stzhets/ v. notice;
 behold; perceive; spot; spy;
 see
dosyć /dó-sićh/ adv. enough

dość /dośhćh/ adv. enough

doświadczyć /do-śhvyád-chićh/
v. experience; sustain; feel

dotąd /dó-tõwnt/ adv. up till

dotknąć /dót-knõwnćh/ v. touch

dotrzymać /do-tzhí-mać h/ v.
keep; stick to one's
commitment; adhere; redeem

dotychczas /do-tíkh-chas/ adv.
up to now; hitherto; to date

do widzenia /do-vee-dzé-ńa/
good bye

dowiedzieć się /do-vyé-dżhećh
śháń/ v. get to know; find
out; learn

dowolny /do-vól-ni/ adj. m.
optional; any; whichever

dowód /dó-voot/ m. proof;
evidence; record; token

dozorca /do-zór-tsa/ m. care-
taker; watchman; overseer

drapać /drá-pać h/v. scratch

drobne /drób-ne/ n. pl. small
change; petty cash

droga /dró-ga/ f. 1. road;
 2. journey

drogi /dró-gee/ adj. m. dear;
 expensive; costly; beloved

drugi /dróo-gee/ num. second;
 other; the other one; latter

drzewo /dshé-vo/ n. tree

drzwi /dzhvee/ n. door

dużo /dóo-zho/ adv. much; many

duży /dóo-zhi/ adj. m. big;
 large; great; fair-sized

dwa /dva/ num. two

dwadzieścia /dva-dżhésh-cha/
 num. twenty

dwanaście /dva-násh-che/ num.
 twelve

dwieście /dvyésh-che/ num. two
 hundred

dworzec /dvó-zhets/ m. /rail-
 way/ station

dwunasty /dvoo-nás-ti/ adj.
 twelfth

dym /dim/ m. smoke; fumes

dyplom /dí-plom/ m. diploma

dyrekcja /di-rék-tsya/ f.
 management; direction

dyskusja /dis-koós-ya/ f.
 discussion; debate

dywan /dí-van/ m. carpet; rug

dyżurny /di-zhoór-ni/ adj. m.
 on call; on duty

dziadek /dżhá-dek/ m. grand-
 father

dział /dżhaw/ m. section

działać /dżhá-wach/ v. act;
 work; be active; be effective

dziecko /dżhéts-ko/ n. child

dzieje /dżhé-ye/ pl. history

dzielnica /dżhel-ńée-tsa/ f.
 province; quarter; section

dzielny /dżhél-ni/ adj. m.
 brave; resourceful; efficient

dzieło /dżhé-wo/ n. achievement;
 work; composition

dziennik /dżhén-ńeek/ m. daily-
 news; daily; journal; diary

dziennikarz /dżheń-ńée-kash/ m.
 reporter; journalist

dzienny /dźhén-ni/ adj. m.
 daily; diurnal; day's
dzień /dźheń/ m. day
dzień dobry /dźheń-dó-bri/ exp.
 good morning
dziesiąty /dźhe-shówn-ti/ num.
 tenth
dziesięć /dźhé-śhańch/ num. ten
dziewczyna /dźhev-chí-na/ f.
 girl; lass; wench; maid
dziewczynka /dźhev-chín-ka/ f.
 /little/ girl
dziewica /dźhe-veé-tsa/ f.
 virgin; maiden
dziewięć /dźhé-vyańch/ num.
 nine
dziewiętnaście /dźhe-vyánt-
 náśhche/ num. nineteen
dziękować /dźhań-kó-vach/ v.
 thank; give thanks
dzisiaj /dźheé-śhay/ adv. today
dzisiejszy /dźhee-śhéy-shi/ adj.
 m. today's; modern
dziś /dźheeśh/ adv. today
dziura /dźhoó-ra/ f. hole

dziwactwo /dżhee-váts-tvo/ n.
 crank; fad; craze; peculiarity

dziwić /dżheé-veech/ v.
 astonish; wonder; surprise

dziwić się /dżheé-veech sháń/
 v. be astonished; wonder

dziwny /dżheév-ni/ adj. strange

dzwonek /dzvó-nek/ m. bell;
 chime

dzwonić /dzvó-ńeech/ v. ring up
 someone

dzwięk /dżhvyáńk/ m. sound

dzwigać /dżhveé-gach/ v. lift;
 hoist; raise; heave; erect;
 carry

dżinsy /jeén-si/ pl. blue jeans

efekt /é-fekt/ m. effect

egzamin /eg-zá-meen/ m. exam;
 examination

egzemplarz /eg-zém-plash/ m.
 copy /sample/; specimen

ekonomia /e-ko-nóm-ya/ f.
 economics; thrift; economy

ekran /ék-ran/ m. screen

ekspedient /ex-pé-dyent/ m.
salesperson

elektryczność /e-lek-trích-
noshch/ f. electricity

emeryt /e-mé-rit/ m. retired
person

energiczny /e-ner-géech-ni/
adj. m. energetic; vigorous

epoka /e-pó-ka/ f. epoch

erotyczny /e-ro-tích-ni/ adj.
m. erotic

ewangelia /e-van-gé-lya/ f.
gospel

ewentualnie /e-ven-too-ál-ñe/
adv. possibly; if need be

ewolucja /e-vo-lóo-tsya/ f.
evolution; development

fabryka /fa-brí-ka/ f. factory

faktycznie /fak-tích-ñe/ adv.
in fact; actually; indeed;
truly

figura /fee-góo-ra/ f. figure;
shape; form; image; big wig

filiżanka /fee-lee-zhán-ka/ f.
cup; cupful; coffee-cup

film /feelm/ m. film

formularz /for-móo-lash/ m.
/application/ form; blank

forsa /fór-sa/ f. /money;
dough; bread; tin; chink

fotel /fó-tel/ m. armchair

fotograf /fo-tó-graf/ m.
photographer

fotografia /fo-to-grá-fya/ f.
photograph

fragment /frág-ment/ m. fragment; episode; excerpt; scrap

fryzjer /fríz-yer/ m. barber;
hairdresser

fryzjerka /friz-yér-ka/ f.
hairdresser /girl/

fryzura /fri-zóo-ra/ f. hair
do; hair style

futro /fóo-tro/ n fur

galareta /ga-la-ré-ta/ f. jelly

gałąź /gá-wõwnzh/ f. branch

garaż /gá-rash/ m. garage

garderoba /gar-de-ró-ba/ f.
wardrobe; dressing-room

gardło /gárd-wo/ n. throat

garnitur /gar-ńée-toor/ m. set;
suit; suite; assortment

garść /garśhćh/ f. handful

gasić /gá-śheećh/ v. extinguish; quench; put out; eclipse

gazeta /ga-zé-ta/ f. newspaper

gaźnik /gáźh-ńeek/ m.
carburetor

gdy /gdi/ conj. when; as; that

gdyby /gdí-bi/ conj. if

gdzie /gdźhe/ adv. conj. where

gdzie indziej /gdźhe-eén-dźhey/
adv. elsewhere

gdziekolwiek /gdźhe-kól-vyek/
adv. anywhere; wherever

gdzieś /gdźheśh/ adv. somewhere; somewhere round

generalny /ge-ne-rál-ni/ adj.
m. general; widespread

geografia /ge-o-grá-fya/ f.
geography

giąć /gyóẃnćh/ v. bow; bend

gimnastykować się /geem-nas-ti-
kó-vaćh śhãn/ v. do physical
exercises

ginekolog /gee-ne-kó-log/ m.
 gynecologist

głęboki /gwãn-bó-kee/ adj. m.
 deep; distant; remote; intense

głodny /gwód-ni/ adj. m. hungry

głos /gwos/ m. voice; sound;
 tone

głośny /gwośh-ni/ adj. m. loud

głowa /gwó-va/ f. head; chief

głód /gwoot/ m. hunger; famine

główny /gwóov-ni/ adj. m. main;
 predominant; foremost

głuchy /gwóo-khi/ adj. m. deaf

głupi /gwóo-pee/ adj. m. silly;
 stupid; foolish; asinine

głupota /gwoo-pó-ta/ f. stu-
 pidity; imbecility; foolishness

gmach /gmakh/ m. large building

gniew /gñev/ m. anger; wrath

gniewać się /gñé-vach śhãń/ v.
 resent; be irritated by

godność /gód-nośhćh/ f. digni-
 ty; name; pride; self-esteem

godzina /go-dżheé-na/ f. hour

golić /gó-leećh/ v. shave

goły /gó-wi/ adj. m. naked

gorący /go-równ-tsi/ adj. m. hot
 sultry; warm; hearty; lively

gorszy /gór-shi/ adj. m. worse

gorzki /gózh-kee/ adj. m. bitter

gospodarstwo /gos-po-dár-stvo/
 n. household; farm; possessions

gospodyni /gos-po-dí-ñee/ f.
 landlady; hostess; manageress

gościć /góśh-cheéch/ v. receive; entertain; treat; stay
 at

gość /gośhch/ m. guest; caller

gotować /go-tó-vach/ v. cook;
 boil; get ready; prepare

gotowy /go-tó-vi/ adj. m. ready
 done; complete; willing

gotówka /go-tóov-ka/ f. cash

góra /góo-ra/ f. mountain

górnik /góor-ñeek/ m. miner

górny /góor-ni/ adj. m. upper

górski /góor-skee/ adj. m.
 mountainous; mountain

granica /gra-neé-tsa/ f. boundary; limit; border; range

gratulacja /gra-too-láts-ya/
 f. congratulations
gromada /gro-má-da/ f. crowd;
 throng; community; team
grono /gró-no/ n. bunch of
 grapes; cluster; group; body
grosz /grosh/ m. penny /copper/
grób /groob/ m. grave
gruby /groó-bi/ adj. m. thick;
 fat; stout; big; low-pitched
grupa /groó-pa/ f. group; class
gruźlica /groożh-lée-tsa/ f.
 tuberculosis; consumption
gryźć /griżhćh/ v. bite; torment
grzebień /gzhé-byeń/ m. comb
grzeczność /gzhéch-noshćh/ f.
 politeness; favor; attentions
grzyb /gzhip/ m. mushroom;
 fungus; snuff
gwałcić /gváw-ćheech/ v. rape;
 violate; compel; coerce; force
gwałtowny /gvaw-tóv-ni/ adj. m.
 outrageous; urgent

gwarancja /gva-rán-tsya/ f.
 warranty; guarantee; pledge
gwiazda /gvyáz-da/ f. star
gwóźdź /gwoożhdżh/ m. nail
hałas /khá-was/ m. noise; din
hamować /kha-mó-vach/ v. apply
 brakes; restrain; hamper; curb
hamulec /kha-móo-lets/ m. brake
handlować /khan-dló-vach/ v.
 trade; deal; be in business
hańba /kháń-ba/ f. disgrace
herbata /kher-bá-ta/ f. tea
historia /khees-tó-rya/ f. story; history; affair; show; fuss
historyjka /khees-to-ríy-ka/ f.
 /little/ story; tale
holować /kho-ló-vach/ v. tow;
 haul; drag; tug; truck
hotel /khó-tel/ m. hotel
humor /khóo-mor/ m. humor
huta /khóo-ta/ f. metal or
 glass mill
i /ee/ conj. and; also; too
ich /eekh/ pron. their
idea /ee-dé-a/ f. idea; aim

igła /éeg-wa/ f. needle

ile /ée-le/ adv. how much

ilość /ée-loshch/ f. quantity

imię /ée-myãn/ n. name /given/

inaczej /ee-ná-chey/ adv. otherwise; differently; unlike

indyk /éen-dik/ m. turkey

indywidualny /een-di-vee-doo-
 ál-ni/ adj m. individual

inny /éen-ni/ adj. m. other;
 different; another /one/

instrument /een-stroó-ment/ m.
 instrument; tool; deed;
 appliance

inteligentny /een-te-lee-gén-
 tni/ adj. m. intelligent

interes /een-té-res/ m.
 interest; business

interesujący /een-te-re-soo-
 yówn-tsi/ adj. m. interesting

inżynier /een-zhí-ner/ m.
 engineer

istota /ees-tó-ta/ f. being;
 essence; gist; sum; entity

istotny /ees-tót-ni/ adj. m.
 real; substantial; vital

iść /eeśhch/ v. go /on foot/;
 walk

izba /éez-ba/ f. room; chamber

ja /ya/ pron. I; /indecl/: self

jabłko /yáp-ko/ n. apple

jadać /yá-dach/ v. eat /regu-
 larly/

jadalnia /ya-dál-ńa/ f. dining
 room; mess; mess-hall

jajko /yáy-ko/ n. egg /small/

jak /yak/ adv. how; as

jaki /yá-kee/ pron. m. what;
 which

jakiś /yá-keesh/ pron. some

jakość /yá-koshch/ f. quality

jasny /yás-ni/ adj. m. clear;
 bright; light; shining; noble

jazda /yáz-da/ f. ride; driving

jazzowy /je-zó-vi/ adj.
 /pertaining to/ jazz

ją /yown/ pron. her

jechać /yé-khach/ v. ride

jeden /yé-den/ num. one; some

jedenaście /ye-de-náśh-che/
 num. eleven

jednak /yéd-nak/ conj. however;
 yet; still; but; after all;
 though

jedno /yéd-no/ n. num. one

jednocześnie /yed-no-chéśh-ñe/
 adv. simultaneously; also

jednokrotnie /yed-no-krót-ñe/
 adv. one time; once

jednostka /yed-nóst-ka/ f. unit
 individual; digit

jedność /yéd-noshch/ f. unity

jedzenie /ye-dzé-ñe/ n. food;
 meal; victuals; feed; eats

jego /yé-go/ pron. his; him

jej /yey/ pron. her; hers

jesień /ye-śheñ/ f. autumn;
 fall

jest /yest/ v. /he,she,it/ is

jestem /yés-tem/ v. /I/ am

jeszcze /yésh-che/ adv. still;
 besides; more; yet; way back

jeść /yeśhch/ v. eat

jezdnia /yézd-ña/ f. roadway

jezioro /ye-żhó-ro/ n. lake

jeżdżenie /yezh-dzhé-ñe/ n.
 riding; driving

jeżeli /ye-zhé-lee/ conj. if

jęk /yank/ m. groan; moan

język /yáñ-zik/ m. tongue

jutro /yoó-tro/ adv. tomorrow

jutrzejszy /yoo-tshéy-shi/ adj.
 m. tomorrow's

już /yoozh/ conj. already;
 at any moment; by now; no more

kaczka /kách-ka/ f. duck

kajak /ká-yak/ m. kayak

kajuta /ka-yoó-ta/ f. ship-
 cabin

kakao /ka-ká-o/ n. cacao

kalendarz /ka-lén-dash/ m.
 calendar

kalesony /ka-le-só-ni/ pl.
 underware; drawers; under
 pants

kamień /ka-myéñ/ m. stone

kamizelka /ka-mee-zél-ka/ f.
 waistcoat

kanał /ká-naw/ m. channel;duct

kanapka /ka-náp-ka/ f.
 sandwich

kapać /ká-pach/ v dribble;
 trickle; drip

kapelusz /ka-pé-loosh/ m. hat

kapitan /ka-pée-tan/ m. captain

karać /ká-rach/ v. punish

kark /kark/ m. neck

karmić /kár-meech/ v. feed;
 nourish; nurse; suckle

karoseria /ka-ro-sér-ya/ f.
 car body

karp /karp/ m. carp /fish/

karta /kár-ta/ f. card; page;
 note sheet

kasa /ká-sa/ f. cashier's desk;
 cash register; ticket office

kasjer /kás-yer/ m. cashier

kasjerka /kas-yér-ka/ f.
 woman cashier

kasza /ká-sha/ f. grits;groats;
 cereals; gruel; porridge; mess

kawa /ká-va/ f. coffee

kawiarnia /ka-vyár-ňa/ f. café
 coffee shop

kazać /ká-zach/ v. order; tell;
 preach; make sb.do something
każdy /ká-zhdi/ pron. every;
 each; respective; any; all
kąpiel /kõwn-pyel/ f. bath
kąt /kownt/ m. corner; angle
kelner /kél-ner/ m. waiter
kelnerka /kel-nér-ka/ f.
 waitress
kiedy /ké-di/ conj. when; as;
 ever; how soon? while; since
kiedy indziej /ke-di eén-dżhey/
 adv. some other time
kiedyś /ké-dish/ adv. someday;
 in the past; once; one day
kierować /ke-ró-vach/ v. steer;
 manage; run; show the way
kierowca /ke-róv-tsa/ m. driver
 chauffer
kierownik /ke-róv-neek/ m.
 manager; director; supervisor
kierunek /ke-roó-nek/ m.
 direction; course; trend; line
kilka /keél-ka/ num. a few; some

kilkakroć /keel-ká-kroćh/ adv.
 repeatedly; again and again
kilkakrotny /keel-ka-krót-ni/
 adj. m. repeated; recurring
kilometr /kee-ló-metr/ m.
 kilometer
kino /keé-no/ n. cinema; movies
kiosk /kyosk/ m. kiosk; booth
kiszka /keésh-ka/ f. intestine
klasa /klá-sa/ f. class; class-
 room; rank; order; division
klej /kley/ m. glue; cement
klient /kleé-ent/ m. customer
klientka /klee-ént-ka/ f.
 customer
klimat /kleé-mat/ m. climate
klozet /kló-zet/ m. toilet
klub /kloop/ m. club; union
klucz /klooch/ m. key; wrench
kluska /kloós-ka/ f. boiled
 dough; strip; dumpling
kłamać /kwá-maćh/ v. lie
kłaniać się /kwá-ñaćh shäñ/ v.
 salute; bow; greet; worship

kłaść /kwaśhćh/ v. lay; put
down; place; set; deposit

kłopot /kwó-pot/ m. trouble

kłopotliwy /kwo-pot-leé-vi/
adj. troublesome; baffling

kłócić się /kwoó-ćheećh śhãñ/
v. quarrel

kłótnia /kwoó-tña/ f. quarrel

kłuć /kwooćh/ v. stab; prick

kobieta /ko-byé-ta/ f. woman

koc /kots/ m. blanket

kochać /kó-khach/ v. love

kochać się /kó-khach śhãñ/ v.
be in love

kochany /ko-khá-ni/ adj. m.
beloved; loving; affectionate

kolacja /ko-láts-ya/ f. supper

kolano /ko-lá-no/ m. knee

kolega /ko-leé-ga/ m. buddy;
colleague; fellow worker

kolej /kó-ley/ f. railroad

kolejka /ko-leý-ka/ f. /wait-
ing/ line; narrow-gauge railroad; turn

kolejarz /ko-lé-yash/ m.
railwayman

kolejny /ko-léy-ni/ adj. m.
next; successive; following

koleżeństwo /ko-le-zhéń-stvo/
n. fellowship; comradeship

kolor /kó-lor/ m. color; tint;
hue

kolorowy /ko-lo-ró-vi/ adj. m.
colorful; colored

kolumna /ko-loóm-na/ f. column

koło /kó-wo/ n. wheel; circle

koło /kó-wo/ prep. around;
near; about; by; in vicinity

kołysać /ko-wí-sach/ v. rock;
sway; toss to and fro; roll

komar /kó-mar/ m. mosquito

komiczny /ko-meéch-ni/ adj. m.
comic; amusing; funny; droll

komorne /ko-mór-ne/ n.
/apartment/ rent; rental

komplet /kóm-plet/ m. set

kompot /kóm-pot/ m. compote

komunikat /ko-moo-ńeé-kat/ m.
bulletin; communique; report

komunista /ko-moo-ńees-ta/ m.
  communist

koncert /kón-tsert/ m. concert

konferansjer /kon-fe-rán-syer/
  m. master of ceremony

konduktor /kon-doók-tor/ m.
  conductor;/train-ticket/in-
  spector

konferencja /kon-fe-réń-tsya/
  f. conference; meeting

koniec /kó-ńets/ m. end;
  conclusion; tip; point; close

koniecznie /ko-ńéch-ńe/ adv.
  absolutely; necessarily

konieczny /ko-ńéch-ńi/ adj. m.
  indispensalbe; vital; necessary

konkretny /kon-krét-ni/ adj. m.
  . concrete definite; real

konsekwentny /kon-sek-vént-ni/
  adj. m. consistent

konto /kón-to/ n. account

kontynuować /kon-ti-noo-ó-vach/
  v. continue; pursue; carry on

koń /koń/ m. horse

końcowy /koń-tsó-vi/ adj. m.
  final; terminal; last late

kończyć /kóň-chićh/ v. end;
 finish; quit; be dying; stop
kopać /kó-pać/ v. dig; kick
kopalnia /ko-pál-ňa/ f. mine
koperta /ko-pér-ta/ f. envelope
 quilt-case; /watch/ case
korale /ko-rá-le/ pl. bead
 necklace; coral beads; gills
korytarz /ko-rí-tash/ m. cor-
 ridor; passage-way; lobby
korzeń /kó-zheň/ m. root; spice
korzystny /ko-zhíst-ni/ adj. m.
 profitable; favorable
kosmetyczka /kos-me-tíćh-ka/
 f. vanity bag; beautician
kosmetyk /kos-mé-tik/ m. cos-
 metic; makeup
kostka /kóst-ka/ f. small bone;
 ankle; knuckle; die; lump
kosz /kosh/ m. basket
koszt /kosht/ m. cost; price;
 expense; charge
kosztować /kosh-tó-vać/ v.
 cost; taste
koszula /ko-shoó-la/ f. shirt

kościół /kóśh-choow/ m. church
kość /kośhćh/ f. bone; spine
kot /kot/ m. cat
kółko /ków-ko/ m. small wheel;
 small circle; /soc./ circle
kpić /kpeećh/ v. jeer; sneer
kradzież /krá-dżheśh/ f. theft
kraj /kray/ m. country; verge;
 edge; hem of a garment; land
krajać /krá-yaćh/ v. cut; slice;
 carve; operate; hack; saw
krawat /krá-vat/ m. /neck/ tie
krawcowa /krav-tsó-va/ f.
 seamstress
krawędź /krá-vañdżh/ f. edge
kreska /krés-ka/ f. dash /line/;
 stroke; hatch; scar; accent
krew /krev/ f. blood
krewny /krév-ni/ m. relative
kroić /kró-eećh/ v. cut; slice
krok /krok/ m. step; pace;
 march
kropla /króp-la/ f. drop
krowa /kró-va/ f. cow
król /krool/ m. king

królewski /kroo-lév-skee/ adj.
m. royal

krótki /kroó-tkee/ adj. m.
short; brief; terse; concise

kruchy /kroó-khi/ adj. m.
brittle; frail; tender; crisp;
crusty

krwawić /krvá-veech/ v. bleed

krzesło /kzhés-wo/ n. chair

krztusić się /kzhtoó-šheech
šhañ/ v. choke; stifle

krzyczeć /kzhí-chech/ v. shout;
cry; scream; yell; clamor

krzywda /kzhív-da/ f. harm

krzywy /kzhí-vi/ adj. m. crook-
ed; skew; distorted; slanting

krzyż /kzhish/ m. cross

książka /kšhőwnzh-ka/ f. book

księgarnia /kšhañ-gár-ňa/ f.
bookstore; bookshop

księżyc /kšhañ-zhits/ m. moon

kto /kto/ pron. who; all; those

ktoś /ktosh/ pron. somebody

którędy /ktoo-rañ-di/ adv.
which way, how to get there?

który /ktoó-ri/ pron. who;
  which; that; any; whichever
kubek /koó-bek/ m . cup
kucharz /koó-khash/ m cook
kuchnia /koókh-ňa/ f. kitchen;
  store; cooking
kultura /kool-toó-ra/ f. cul-
  ture; good manners; cultivation
kupić /koó-peech/ v. buy
kura /koó-ra/ f. hen
kurczę /koór-chäň/ n. chicken
kurek /koó-rek/ m. tap; cock
kurz /koosh/ m. dust
kuzynka /koo-zín-ka/ f. cousin
kwadrans /kvád-rans/ m. quarter
  of an hour
kwiaciarnia /kvya-čhár-ňa/ f.
  flower shop
kwiat /kvyat/ m. flower
kwiecień /kvyé-čheň/ m. April
kwit /kveet/ m. receipt
lać /lačh/ v. pour; shed;/spill/
lada /lá-da/ part. any; whatever; the least; paltry
lakier /lá-ker/ m. varnish

lalka /lál-ka/ f. doll; puppet

lampa /lám-pa/ f. lamp

las /las/ m. wood; forest; thicket

lata /lá-ta/ pl. years

lato /lá-to/ n. Summer

ląd /lõwnd/ m. land; mainland; continent

lądować /lõwn-dó-vaćh/ v. land; disembark; go ashore; alight

lecieć /lé-ćhećh/ v. fly; run; hurry; wing; drift; drop; fall

lecz /lech/ conj. but; however

leczyć /lé-chićh/ v. heal; treat; nurse; practice medicine

ledwie /léd-vye/ adv. hardly; scarcely; barely; almost; nearly

legitymacja /le-gee-ti-máts-ya/ f. ID card; identification

lekarstwo /le-kár-stvo/ n. medicine; drug

lekarz /lé-kash/ m. physician.

lekceważyć /lek-tse-vá-zhićh/ v. slight; scorn; neglect

lekcja /lék-tsya/ f. lesson

lekki /lék-kee/ adj. m. light;
 light-hearted; graceful; slight
leniwy /le-ńee-vi/ adj. m. lazy
lepiej /lé-pyey/ adv. better;
 rather; /feel/ better
lepszy /lép-shi/ adj. m. better
letni /lét-ńee/ adj. m. luke-
 warm; half-hearted; summer
lewy /lé-vi/ adj. m. left
leżeć /lé-zhech/ v. lie; /fit/
liczba /léech-ba/ f. number;
 figure; integer; group; class
liczny /léech-ni/ adj. m. numerous; large; abundant; plentiful
liczyć /lee-chich/ v. count;
 reckon; compute; calculate
linia /leé-ńya/ f. line; lane
list /leest/ m. letter; note
listonosz /lees-tó-nosh/ m.
 postman
listopad /lees-tó-pad/ m.
 November
liść /leeshch/ m. leaf; frond
litera /lee-té-ra/ f. letter
lodówka /lo-doóv-ka/ f.
 refrigerator

lody /ló-di/ pl. ice cream

lokator /lo-ká-tor/ m. tenant

lot /lot/ m. flight; speed

lotnisko /lot-ñee-sko/ n. airport; airfield; aerodrome

lód /loot/ m. ice; pl. ice cream

lub /loop/ conj. or; or else

lubić /loó-beech/ v. like; be fond of; enjoy; be partial

ludność /lood-noshćh/ f. population

ludzie /loó-dźhe/ pl. people

luty /loó-ti/ m. February

lżejszy /lzhéy-shi/ adj. m. lighter

ładny /wád-ni/ adj. m. nice

ładować /wa-dó-vach/ v. load; charge; cram; fill

łagodny /wa-gód-ni/ adj. m. gentle; mild; soft; meek; easy

łamać /wá-mach/ v. break; crush; quarry

łapać /wá-pach/ v. catch; snatch

łatać /wá-tach/ v. patch up

łatwy /wát-vi/ adj. m. easy

łlawka /wáf-ka/ f. pew; bench

łazienka /wa-żhén-ka/ f. bath-room

łączyć /wõwn-chich/ v. join; unite; merge; link; bind; weld

łąka /wõwn-ka/ f. meadow

łokieć /wó-kech/ m. elbow

łowić /wó-veech/ v. trap; fish; catch; hunt; chase

łódź /wóodzh/ f. boat

łóżko /wóozh-ko/ n. bed

łuk /wook/ m. bow; arch; bent; vault

łyk /wik/ m. gulp; sip; draft

łyżeczka /wi-zhéch-ka/ f. tea-spoon; dessert spoon; curette

łyżka /wízh-ka/ f. spoon; spoonful

łza /wza/ f. tear

macica /ma-chée-tsa/ f. uterus; womb

magazyn /ma-gá-zin/ m. store; warehouse; repository

magnetofon /mag-ne-tó-fon/ m. tape-recorder

maj /may/ m. May

mająтek /ma-yówn-tek/ m. fortune; estate; property; wealth

majtki /maýt-kee/ pl. panties

malarz /má-lash/ m. painter

maleńki /ma-léń-kee/ adj. m.
very small; tiny; insignificant

malować /ma-ló-vach/ v. paint;
stain; color; make up; depict

mało /má-wo/ adv. little; few;
seldom; lack; not enough

małpa /máw-pa/ f. ape; monkey

mały /má-wi/ adj. m. little;
small size; low; modest; slight

małżeństwo /maw-zhéń-stvo/ n.
married couple; wedlock

mam /mam/ v. I have /see mieć/

mama /má-ma/ f. mummy; mother

manatki /ma-nát-kee/ pl. personal belongings; traps

mandat /mán-dat/ m. mandate,
traffic ticket; fine

mapa /má-pa/ f. map; chart

marka /már-ka/ f. mark; brand;
stamp; trade mark; reputation

marnować /mar-nó-vach/ v. waste

marszczyć /márzh-chich/ v.
 wrinkle; frown; crease; ripple

martwić /márt-veech/ v. dis-
 tress; grieve; vex; worry;
 afflict

martwy /már-tvi/ adj. m. dead

marynarz /ma-rí-nash/ m. mariner; sailor; seaman; jack/tar/

marzec /má-zhets/ m. March

marznąć /márzh-nownch/ v. freeze

masa /má-sa/ f. bulk; mass

masło /más-wo/ n. butter

masowo /ma-só-vo/ adv. wholesale; in a mass

maszyna /ma-shí-na/ f. machine

materiał /ma-tér-yaw/ m. material; substance; stuff; cloth

matka /mát-ka/ f. mother

mądry /mówn-dri/ adj. m. sage

mąka /mówn-ka/ f. flour; meal

mąż /mównsh/ m. husband; man

mdleć /mdlech/ v. faint; weaken

mechanik /me-khá-ñeek/ m.me-
 chanic; Jack of all trades

medyczny /me-dích-ni/ adj. m,
 medical; medicinal

meldować /mel-dó-vach/ v.
 report; register; announce

metal /mé-tal/ m. metal

metr /metr/ m. meter

metro /mét-ro/ n. subway

metryka /me-trí-ka/ f. birth-
 certificate; public register

męczyć /máñ-chich/ v. bother;
 torment; oppress; tire;
 exhaust

męski /máñs-kee/ adj. m. mascu-
 line; manly; man's; virile;
 male

mężczyzna /máñzh-chíz-na/ m. man

mgła /mgwa/ f. fog; mist; cloud

miara /myá-ra/ f. measure;
 gauge; yard-stick; foot-rule;
 amount; limit

miasteczko /myas-téch-ko/ n.
 borough; country town

miasto /myás-to/ n. town

mieć /myech/ v. have; hold; run

miedź /myedzh/ f. copper

miejsce /myéys-tse/ n. place;
location; spot; room; space;
seat; employment; berth; scene

miejscowość /myey-stsó-voshch/
f. locality; place; town;
village

miesiąc /myé-shownts/ m. month

mieszać /myé-shach/ v. mix;
mingle; shuffle; confuse

mieszkać /myésh-kach/ v. dwell;
live; stay; have a flat; lodge

mieszkalny /myesh-kál-ni/ adj.
m. inhabitable; habitable

mieszkanie /myesh-ká-ňe/ n.
apartment; rooms; lodgings

między /myán-dzi/ prep. between
among; in the midst

międzynarodowy /myán-dzi-na-ro-
dó-vi/ adj, m. international

miękki /myánk-kee/ adj. m. soft;
flabby; limp; supple

mięsień /myán-sheň/ m. muscle

mięso /myán-so/ n. flesh; meat

mijać /meé-yach/ v. go past;
pass by; pass away

mila /meé-la/ f. mile /1609,35m/

milczeć /meél-chećh/ v. be silent; quit talking

milicja /mee-leéts-ya/ f. militia; police

miłość /meé-wośhćh/ f. love

miły /meé-wi/ adj. m. pleasant; beloved; likable; nice; enjoyable

mimo /meé-mo/ prep. in spite of; notwithstanding; /al/though; adv. past; by

mina /meé-na/ f. facial expression; mine; air

minąć /meé-nōwnćh/ v. pass by

minister /mee-ñeés-ter/ m. minister; cabinet member

ministerstwo /mee-nees-teŕ-stvo/ n. ministry; department of state

minuta /mee-noó-ta/ f. minute

miotła /myót-wa/ f. broom

miód /myoot/ m. honey

mistrz /meestsh/ m. master; maestro; champion; expert

mleko /mlé-ko/ n. milk

młodość /mwó-doshch/ f. youth

młody /mwó-di/ adj. m. young

młodzież /mwó-dżhesh/ f. youth;
 young generation

młotek /mwó-tek/ m. hammer;
 tack-hammer; clapper

mniej /mney/ adv. less; fewer

mniejszy /mney-shi/ adj. m.
 smaller; lesser; less; minor

mnożyć /mnó-zhich/ v. multiply

mocny /móts-ni/ adj. m. strong

moda /mó-da/ f. fashion

mogę /mó-gáň/ v. I can; I may

mokry /mók-ri/ adj. m. wet;
 moist; watery; rainy; sweaty

moment /mó-ment/ m. moment

morski /mórs-kee/ adj. m. mari-
 time ; sea; nautical; naval

morze /mó-zhe/ n. sea

most /most/ m. bridge

motać /mó-tach/ v. reel; embroil
 entangle; intrigue; spool

motocykl /mo-tó-tsikl/ m.
 motorcycle

mowa /mó-va/ f. speech;
language

może /mó-zhe/ adv. perhaps; maybe; very likely; how about?

możliwy /mozh-leé-vi/ adj. possible; fairly good; passable

można /mózh-na/ v. imp. it is
possible; one may; one can

móc /moots/ v. /potentially
to be able; be capable

mój /mooy/ pron. my; mine

mówić /moó-veećh/ v. speak;
talk; say; tell; say things

mózg /moozk/ m. brain

mrok /mrok/ m. dusk; twilight

mróz /mroos/ m. frost

mu /moo/ pron. him

mur /moor/ m. brick wall; wall

murzyn /moó-zhin/ m. negro

musieć /moó-shechh/ v. be obliged
to; have to; be forced; must

muzeum /moo-zé-oom/ n. museum

muzyka /moo-zí-ka/ f. music

my /mi/ pron. we; us

myć /mićh/ v. wash

mydło /míd-wo/ n. soap; soft soap

mylić /mí-leech/ v. mislead; misguide; confuse; deceive

mysz /mish/ f. mouse

myśl /míshl/ f. thought; idea

myśleć /mísh-lech/ v. think

myśliwy /mish-lée-vi/ m. hunter

na /na/ prep. on; upon; at; for; by; in; onto; to

nabierać /na-byé-rach/ v. take; take in; tease; cheat; amass

nabożeństwo /na-bo-zhéń-stvo/ n. church service

nachylać /na-khí-lach/ v. stoop; bend; incline; lean

naczelny /na-chél-ni/ adj. m. chief; head; principal; main

nad /nad/ prep. over; above; on; upon; beyond; at; of; for

nadal /ná-dal/ adv. still; in future; continue /to do/

nadawać /na-dá-vach/ v. transmit post; register; bestow; grant; endow; christen

nadchodzić /nad-khó-dżheech/ v. approach; arrive; come

nadjechać /nad- yé-khach/ v.
drive up; come up; arrive
/not on foot/

nadmiar /nád-myar/ m. excess

na dół /ná doow/ down; down
stairs; downwards

nadwyżka /nad-vízh-ka/ f.
surplus

nadzieja /na-dżhé-ya/ f. hope

nagi /ná-gee/ adj. m. naked;
bare; nude; bald; empty

nagle /nág-le/ adv. suddenly

nagły /nág-wi/ adj. m. sudden;
urgent; instant; abrupt; press-
ing

naiwny /na-eév-ni/ adj. m.
naive

najbardziej /nay-bár-dżhey/
adv. most /of all/

najeść się /ná-yeśhćh śhãn/ v.
eat plenty of; eat a lot

najgorzej /nay-gó-zhey/ adv.
worst of all

najmniej /náy-mñey/ adv. least

najpierw /náy-pyerv/ adv. first
of all; first

najwięcej /nay-vyáñ-tsey/ adv.
 most of all; /worst of all/

nakręcać /na-krán-tsach/ v. wind
 up; shoot /movie/; turn;direct

nakrętka /na-kráñt-ka/ f.
 /screw/ nut; female screw; jam
 nut

nalewać /na-lé-vach/ v. pour in

na lewo /na lé-vo/ adv. to the
 left

należy się /na-lé-zhi sháñ/ v.
 it is due; costs;/I am/ owed

namawiać /na-má-vyach/ v. persuade; prompt; urge; egg on

na niby /na ñeé-bi/ adv.
 make believe /pseudo/

na ogół /na ó-goow/ adv. /in
 general/ generally

na około/na-o-kó-wo/ adv. all
 around

napad /ná-pad/ m. assault

na pewno /na pév-no/ adv. surely
 certainly; for sure

napić się /ná-peech sháñ/ v.
 have a drink

nauka /na-oó-ka/ f. science;
learning; study; teaching

nawet /ná-vet/ adv. even

nawzajem /na-vzá-yem/ adv. mutu-
ally; same to you; each other

nazwisko /naz-vée-sko/ m.
family name; surname

nazywać się /na-zí-vach shãn/ v.
be called; be named

nerka /nér-ka/ f. kidney

nerw /nerv/ m. nerve

nerwowy /ner-vó-vi/ adj. m.
nervous

nędza /nán-dza/ f. misery

niby /neé-bi/ adv. as if; pre-
tending

nic /neets/ pron. nothing; nought

niczyj /neé-chiy/ adj. m. no-
man's

nić /neech/ f. thread

nie /ñe/ part. no; not; non-;
in-; un-;

niebieski /ñe-byé-skee/ adj. m.
blue; heavenly

niebo /ñé-bo/ n. sky

niech /ňekh/ part. let

niecierpliwy /ňe-cher-plée-vi/
 adj. m. impatient

nieco /ňé-tso/ adv. some;
 a little

niedaleki /ňe-da-lé-kee/ adj.
 m. near; not distant

niedawno /ňe-dáv-no/ adv. recently; not long ago

niedługo /ňe-dwóo-go/ adv. soon;
 not long; before long

niedobrze /ňe-dób-zhe/ adv.
 not well; badly

niedogodny /ňe-do-gód-ni/ adj.
 m. inconvenient

niedozwolony /ňe-doz-vo-ló-ni/
 adj. m. not allowed

niedziela /ňe-dzhé-la/ f.
 Sunday

niegrzeczny /ňe-gzhéch-ni/ adj.
 m. rude; impolite

niejeden /ňe-yé-den/ adj. m.
 many; more than one

niekiedy /ňe-ḱyé-di/ adv. now
 and then; sometimes

nieletni /ńe-lét-ńee/ adj. m.
under age

nieludzki /ńe-lóodz-kee/ adj.
inhuman

niełatwy /ńe-wát-vi/ adj. m.
not easy; fairly difficult

niemiły /ńe-mée-wi/ adj. m.
unpleasant

niemodny /ńe-mód-ni/ adj. m.
outmoded

niemowlę /ńe-móv-lãń/ n. baby

niemożliwy /ńe-mozh-lée-vi/ adj.
m. impossible

nieobecny /ńe-o-béts-ni/ adj.
m. absent

niepalący /ńe-pa-lõwn-tsi/ adj.
m. not smoking

niepewny /ńe-pév-ni/ adj. m.
uncertain

niepodległość /ńe-pod-lég-
wośhćh/ f. independence

niepokój /ńe-pó-kooy/ m. unrest

nieporozumienie /ńe-po-ro-zoo-
myé-ńe/ n. misunderstanding

nieporządek /ňe-po-zh'own-dek/ m. disorder

niepotrzebny /ňe-po-tzhéb-ni/ adj. m. unnecessary

nieprawda /ňe-prá-vda/ f. untruth; falsehood ; lie

nieprawdopodobny /ňe-pra-vdo-po-dób-ni/ adj. m. improbable

niepunktualny /ňe-poon-ktoo-ál-ni/ adj. m. unpunctual; late

nieraz /ňé-ras/ adv. often; again and again

niesmak /ňé- smak/ m. bad taste; disgust

niespodzianka /ňe-spo-džhán-ka/ f. surprise

niestety /ňe-sté-ti/ adv. alas; unfortunately

nieść /ňeśhčh/ v. carry; bring; bear; lay; afford

nieuwaga /ňe-oo-vá-ga/ f. inattention; absentmindedness

nie warto /ňe-vár-to/ adv. not worth /talking

niewątpliwy /ňe-võwnt-plée-vi/ adj. m. sure; doubtless

nudzić się /noó-dźheech śhãń/
v. be bored

numer /noó-mer/ m. number

nylon /ní-lon/ m.nylon

o /o/ prep. of; for; at; by;
about; against; with; con-
cerning

obawiać się /o-bá-vyach śhãń/
v. be anxious; fear

obcęgi /ob-tsãń-gee/ pl. tongs

obchodzić /ob-khó-dźheech/ v.
go around; evade; celebrate

obcy /ób-tsi/ adj. m. strange;
foreign

obecnie /o-béts-ñe/ adv. at
present

obejrzeć /o-béy-zhech/ v. in-
spect; glance at; see

oberwać /o-bér-vach/ v. tear
off

obiad /ób-yat/ m. dinner; lunch

obiecywać /o-bye-tsí-vach/ v.
promise

objaśniać /ob-yáśh-ñach/ v.
explain

objąć /ob-yównch/ v. embrace

obliczyć /ob-leé-chich/ v.
count up; reckon; calculate

obniżać /ob-ńeé-zhach/ v. lower
sink; drop; abate; level down

oboje /o-bó-ye/ num. both

obok /ó-bok/ adv. prep. beside;
next; about

obowiązek /o-bo-vyówn-zek/ m.
duty; obligation

obracać /ob-rá-tsach/ v. turn-
over; rotate

obraz /ób-raz/ m. picture;
image

obrazek /ob-rá-zek/ m. little
picture

obrazić /ob-rá-żheech/ v. offend

obrączka / ob-równch-ka/ f.ring

obrona /ob-ró-na/ f. defense

obrócić /ob-roó-cheech/ v. rotate; revolve

obrywać /ob-rí-vach/ v. tear
off

obserwować /ob-ser-vó-vach/ v.
watch; observe

obudzić /o-boó-dzheech/ v. wake
up

obywatelstwo /o-bi-va-tél-
stvo/ m. citizenship

ocalić /o-tsá-leech/ v. rescue

ocean /o-tsé-an/ m ocean

ocena /o-tsé-na/ f. grade;
estimate; appraisal

ochota /o-khó-ta/ f. eagerness;
forwardness; willingness

oczekiwać /o-che-keé-vach/ v.
wait for; await; expect; hope

oczywiście /o-chi-veésh-che/
adv. obviously; of course

od /od/ prep. from; off; of;
for; since; out of; with; per;
by; then /idiomatic/

odbierać /od-byé-rach/ v. take
away; deprive

odbiornik /od-byór-ňeek/ m.
/radio/ receiver

odbudować /od-boo-dó-vach/ v.
rebuild

odbywać /od-bí-vach/ v. do;
 perform; be in progress
odchodzić /od-khó-dżheech/ v.
 go away; leave; walk off
odczytać /od-chí-tach/ v. read
 over
oddać /ód-dach/ v. give back;
 pay back; render; deliver
od dawna /od dáv-na/ since a
 long time
oddychać /od-dí-khach/ v.
 breath
oddział /ód-dżhaw/ m. division;
 section; ward; branch; detail
odejmować /o-dey-mó-vach/ v.
 subtract; deduct; take away
odejść /ó-deyshch/ v. depart;
 go away; leave; abandon
odjazd /ód-yazt/ m. departure
odkręcić /od-kráń-cheech/ v.
 unscrew; turn around
odkryć /ód-krich/ v. discover;
 uncover ;find
odległość /od-lég-woshch/ f.
 distance

odlot /ód-lot/ m. departure
/by plane/; take off; start

odłożyć /od-wó-żhićh/ v. set
aside; put off

odnajdywać /od-nay-dí-vaćh/ v.
recover; find; discover

odnieść /ód-ńeshćh/ v. bring
back; take back; sustain

odpiąć /ód-pyównćh/ v. unfasten;
unbutton

odpisać /od-peé-saćh/ v. copy;
write back; answer by a letter

odpłynąć /od-pwí-nównćh/ v.
sail away; float away; swim

odpoczynek /od-po-chí-nek/ m.
rest; repose

odpoczywać /od-po-chí-vaćh/ v.
rest; have a rest

odpowiadać /od-po-vyá-daćh/ v.
answer to; correspond to

odpowiedni /od-po-vyéd-ńee/ adj.
m. respective; adequate; suitable; fit; right; due

odprowadzać /od-pro-vá-dzaćh/v.
divert; drain off; escort /home/

odradzać /od-rá-dzać/ v.
advise against

odróżniać /od-róozh-ńać/ v.
distinguish

odrzutowiec /od-zhoo-tó-vyets/
m. jet /plate/

odstąpić /od-stów-peeć/ v.
step back; secede; cede

odsyłać /od-sí-wać/ v. send
back; refer ;return

odtąd /ód-tównt/ adv. hence-
forth; from now on; from here

odwaga /od-vá-ga/ f. courage

odważyć się /od-vá-zhić śhãń/
v. dare

odwiedzać /od-vyé-dzać/ v.
visit /someone/

odwijać /od-veé-yać/ v. unwrap

odwilż /ód-veelzh/ f. thaw

odwołać /od-vó-wać/ v. take
back; appeal; refer

odzież /ó-dżhezh/ f. clothes

odznaka /od-zná-ka/ f. badge

odzyskać /od-zís-kać/ v. re-
trieve

odzywać się /od-zí-vach shañ/ v.
  speak up; utter the first word

oferta /o-fér-ta/ f. offer

ogień /ó-geñ/ m. fire; flame

oglądać /o-glówn-dach/ v. in-
  spect

ogolić /o-gó-leech/ v. shave

ogółem /o-góo-wem/ adv. on the
  whole; as a whole; altogether

ogórek /o-góo-rek/ m. cucumber

ogromny /o-gróm-ni/ adj. m. huge

ogród /ó-grood/ m. garden

ogrzewać /o-gzhé-vach/ v. heat

o ile / o eé-le/ conj. as far as

ojciec /oý-chets/ m. father

ojczyzna /oy-chíz-na/ f. native
  country

okazać /o-ká-zach/ v. show; dem-
  onstrate; evidence

okazja /o-ká-zya/ f. opportunity

okno /ók-no/ n. window

oko /ó-ko/ n. eye

okolica /o-ko-leé-tsa/ f. region

około /o-kó-wo/ prep. near;
 about

okres /ó-kres/ m. period

okręt /ó-krãnt/ m. ship

okropny /o-króp-ni/ adj. m.
 horrible

okrutny /o-kroót-ni/ adj. m.
 cruel

okulary /o-koo-lá-ri/ pl.
 eyeglasses

olej /o-ley/ m.oil

ołówek /o-wóo-vek/ m. lead
 pencil

omal /ó-mal/ adv. nearly

omdlały /om-dlá-wi/ adj. m.
 fainted

on; ona; ono /on; ó-na; ó-no/
 pron. he; she; it

one /ó-ne/ f.pl. they

oni /ó-nee/ m. pl. they

opakowanie /o-pa-ko-vá-ňe/ n.
 wrapping

opalać się /o-pá-lač šhãň/ v.
 suntan

opanować /o-pa-nó-vač/ v.
 master

opera /o-pé-ra/ f. opera /house/

opieka /o-pýe-ka/ f. care

opinia /o-peé-ńya/ f. opinion;
view; reputation

opowiadać /o-po-vyá-dach/ v.
tell /something/; tell tales

opowiadanie /o-po-vya-dá-ńe/ n.
tale; narrative; story

opóźnienie /o-poozh-ńé-ńe/ n.
delay

oprócz /óp-rooch/ prep. except;
besides

oraz /ó-ras/ conj. as well as

organizm /or-gá-ńeesm/ m.
organism

orkiestra /or-kés-tra/ f.
orchestra

ortografia /or-to-grá-fya/ f.
orthography

oryginalny /o-ri-gee-nál-ni/
adj. m. original; genuine

osiedle /o-shéd-le/ n. housing
estate; settlement

osiem /ó-shem/ num. eight

osiemdziesiąt /o-shem-dzhé-
shównt/ num. eighty

osiemnaście /o-shem-násh-che/
num. eighteen

osiemset /o-shém-set/ num.
eight hundred

oskarżać /o-skár-zhach/ v.
accuse

osłabiać /o-swá-byach/ v.
weaken

osoba /o-só-ba/ f. person

osobisty /o-so-beé-sti/ adj.
m. personal; private

osobiście /o-so-beésh-che/ adv.
personally

ostatecznie /o-sta-téch-ne/ adv.
finally; after all; at least

ostatni /o-stát-ñee/ adj. m.
last; late; end

ostatnio /o-stát-ño/ adv.
lately; not long ago; recently

oszczędności /osh-chând-nósh-
chee/ pl. savings

ość /oshch/ f. /fish/ bone

ośrodek /o-shró-dek/ m. center

oświetlenie /o-shvyet-lé-ñe/
lighting

otrzymać /o-tzhí-mach/ v.
 receive; obtain; get

otwarcie /o-tvár-che/ adv.
 frankly

otwierać /ot-vyé-rach/ v. open

owad /ó-vat/ m. insect

owoc /ó-vots/ m. fruit

owszem /óf-shem/ part. yes;
 certainly

ósmy /óos-mi/ num. eighth

pachnąć /pákh-nownch/ v. smell
 /good/

pacjent /páts-yent/ m. patient

paczka /pách-ka/ f. parcel; pack

pakunek /pa-kóo-nek/ m.
 parcel; baggage

palec /pá-lets/ m. finger

palić /pá-leech/ v. burn; smoke
 cigarette

palto /pál-to/ n. overcoat

pałac /pá-wats/ m. palace

pamiętać /pa-myán-tach/ v.
 remember

pan /pan/ m. master; mister;
 you; gentleman; lord

pani /pa-ñee/ f. madam; Mrs;
 you; lady

państwo /pań-stvo/ n. state;
 married couple; Mr. and Mrs.

papieros /pa-pýe-ros/ m.
 cigarette

papież /pá-pyesh/ m. pope

para /pa-ra/ f. couple; pair;
 steam

parasol /pa-rá-sol/ m. umbrella

parasolka /pa-ra-sól-ka/ f.
 woman's umbrella

parkować /par-kó-vach/ v. park

parter /pár-ter/ m. ground
 floor

partia /pár-tya/ f. party;
 group; card game

pas /pas/ m. belt; strip

pasażer /pa-sá-zher/ m.
 passenger

pasażerka /pa-sa-zhér-ka/ f.
 passenger /female/

pasek /pá-sek/ m. belt; band

pasować /pa-só-vach/ v. fit

pastylka /pas-tíl-ka/ f. tablet

paszport /pásh-port/ m. pass-
  port

patelnia /pa-tél-ña/ f.
  fryingpan

patrzeć /pá-tzhech/ v. look

paznokieć /pa-znó-kyech/ m.
  finger nail

październik /pażh-dżhér-ñeek/
  m. October

pchać /pkhach/ v. push; thrust

pchnięcie /pkhnán-che/ n. push;
  thrust; jostle

pech /pekh/ m. bad luck

pełnoletni /pew-no-lét-ñee/
  adj. m. adult

pełny /péw-ni/ adj. m. full

pensja /pén-sya/ f. salary;
  pension; allowance

peron /pé-ron/ m. train-
  platform

pewien /pé-vyen/ adj. m.
  certain; one

pewnie /pé-vñe/ adv. surely;
  probably

pewny /pé-vni/ adj. m. sure

pędzić /pắn-dzeećh/ v. drive;
 run; hurry; lead

pękać /pắn-kaćh/ v. burst;
 crack

pianino /pya-ňéé-no/ n, piano

piasek /pyá-sek/ m. sand

piątek /pyốwn-tek/ m. Friday

piąty /pyốwn-ti/ num. fifth

pić /peećh/ v. drink

piec /pyets/ v. bake; roast

piegi /pyé-gee/ pl. freckles

piekarz /pyé-kash/ m. baker

piekło /pyé-kwo/ n. hell

pielęgniarka /pye-lắng-ňár-ka/
 f. nurse

pielęgnować /pye-lắng-nó-vaćh/
 v. nurse; tend

pieniądz /pyé-ňoẃnts/ m. money;
 coin

pieróg /pyé-rook/ m. dumpling

pierś /pyersh/ f. breast; chest

pierwszy /pyé-rvshi/ num. first

pies /pyes/ m. dog

piesek /pyé-sek/ m. little dog

pieszo /pye-sho/ adv. on foot

pieśń /pyeshň/ f. song

pięć /pyañch/ num. five

pięćdziesiąt /pyañ-dżhé-shwnt/ num. fifty

pięćset /pyañch-set/ num. fivehundred

piękny /pyañ-kni/ adj. m. beautiful; lovely

pięść /pyañshch/ f. fist

pięta /pyañ-ta/ f. heel

piętnasty /pyañt-ná-sti/ num. fifteen

piętro /pyañ-tro/ n. story; floor

pijany /pee-yá-ni/ adj. m. drunk

pilnować /peel-nó-vach/ v. watch; guard; look after

piła /pée-wa/ f. saw; bore

piłka /pée-wka/ f. ball; handsaw

pionowy /pyo-nó-vi/ adj. m. vertical

piorun /pyó-roon/ m. thunder-
bolt

piosenka /pyo-sén-ka/ f. song

pióro /pyó-ro/ n. feather; pen

pisać /peé-sach/ v. write

pisarz /peé-sash/ m. writer

pismo /peés-mo/ n. writing;
letter; newspaper; scripture

piwo /peé-vo/ n. beer

plac /plats/ m. square; ground

plama /plá-ma/ f. blot; stain

plan /plan/ m. plan

plastyk /plás-tik/ m. artist;
plastic

plaża /plá-zha/ f. beach

plecak /plé-tsak/ m. rucksack

plecy /plé-tsi/ pl. back

pluć /plooch/ v. spit

płacić /pwá-cheech/ v. pay

płakać /pwá-kach/ v. cry; weep

płaski /pwá-skee/ adj. m. flat

płaszcz /pwashch/ m. overcoat

płuco /pwoó-tso/ n. lung

płynąć /pwí-nownch/ v. flow;
swim; sail

płyta /pwí-ta/ f. plate; slab;
disk; /musical/ record

pływacki /pwi-váts-kee/ adj. m.
swimming

pływać /pwí-vach/ v. swim; float
navigate

po /po/ prep. after; to; up to;
till; upon; for; at; in; up;
of; next; along; about; over;
past; behind;

pobić /pó-beech/ v. beat up;
defeat

pobierać się /po-byé-rach shãn/
v. get married

pobyt /pó-bit/ m. stay

pocałować /po-tsa-wó-vach/ v.
kiss

pochodzenie /po-kho-dzé-ňe/ n.
origin;descent; ancestry

pochyły /po-khí-wi/ adj. m.
inclined; stooped

pociąg /pó-chownk/ m. train

po cichu /po chee-khoo/ adv.
secretly; silently; softly

pocieszać /po-ché-shach/ v.
 console; comfort
początek /po-chówn-tek/ m.
 beginning
poczekalnia /po-che-kál-ña/ f.
 waiting room
poczta /póch-ta/ f. post; mail
pocztówka /poch-tóo-vka/ f.
 postcard
pod /pot/ prep. under; below;
 towards; on; in
podać /pó-dach/ v. give; hand;
 pass
podanie /po-dá-ñe/ n. application
podarek /po-dá-rek/ m. gift
podarty /po-dár-ti/ adj. m. torn
podatek /po-dá-tek/ m. tax
podbródek /pod-bróo-dek/ m. chin
podejść /pó-deyshch/ v. walk up
 to; advance; approach; come
 near
podczas /pód-chas/ prep.
 during; while

podejmować /po-dey-mó-vaćh/ v.
take up; entertain

podejrzany /po-dey-zhá-ni/ adj.
m. suspect   v. underline

podeszwa /po-désh-va/ f. sole

podkreślać /pod-kréśh-laćh/—→

podłoga /pod-wó-ga/ f. floor

podług /pód-wook/ prep.
according to

podmiejski /pod-myéy-skee/ adj.
m. suburban

podmiot /pód-myot/ m. subject

podnieść /pód-ńeshćh/ v. lift;
hoist

podobać się /po-dó-bach śháń/
v. please

podobny /po-dób-ni/ adj. m.
similar; like

podpis /pód-pees/ m.signature

podręcznik /pod-ráńch-ńeek/ m.
handbook; textbook

podróż /pód-roozh/ f. travel;
voyage

podróżnik /pod-roózh-ńeek/ m.
traveler

po drugie /po drǒo-ǵe/ adv.
 in the second place
podstawa /pod-stá-va/ f. base;
 basis
podszewka /pod-shév-ka/ f.
 lining
podwieczorek /pod-vye-chó-rek/
 m. afternoon tea
podwładny /pod-vwád-ni/ adj. m.
 subordinate
podwórko / pod-vóor-ko/ n.
 backyard
podział /pó-dzhaw/ m. division;
 partition; distribution
podzielić /po-dżhé-leećh/ v.
 divide
poeta /po-é-ta/ m. poet
poetka /po-ét-ka/ f. poet
pogląd /pó-glõwnt/ m. opinion
pogoda /po-gó-da/ f. weather
 cheerfulness
pogodny /po-gó-dni/ adj. m.
 serene; cheerful
pogotowie /po-go-tó-vye/ n.
 ambulance service; readiness

pojechać /po-yé-khach/ v.
 go; leave

pojedynczy /po-ye-dín-chi/ adj.
 m. single

pojęcie /po-yáń-che/ n. notion;
 idea; concept

pojutrze /po-yóot-zhe/ adv.
 day after tomorrow

pokazywać /po-ka-zí-vach/ v.
 show; point

pokład /pók-wat/ m. deck; layer

pokoik /po-kó-eek/ m. a little
 room

pokój /pó-kooy/ m. room; peace

po kryjomu /po kri-yó-moo/ adv.
 secretly

pokwitować /po-kvee-tó-vach/
 v. receipt

Polak /pó-lak/ m. Pole; Polo-
 nian; Polonius; vulg.:Polack

pole /pó-le/ n. field

polegać /po-lé-gach/ v. rely

poleżeć /po-lé-zhech/ v. lie
 for some time

policzek /po-leé-chek/ m. cheek

policzyć /po-lée-chich/ v.
count up; reckon; total

politechnika /po-lee-tekh-ñéé-
ka/ f. polytechnic

polka /pól-ka/ f. polka; Polish
girl

polski /pól-skee/ adj. m.
Polish

polubić /po-lóó-beech/ v. get
to like ; acquire a taste

połknąć /pów-knównch/ v.
swallow

połowa /po-wó-va/ f. half

położyć /po-wó-zhich/ v. lay
down

południe /po-wóód-ñe/ n. noon;
south

pomagać /po-má-gach/ v. help

pomnik /póm-ñeek/ m. monument

pomocnik /po-móts-ñeek/ m.
helper

pomóc /pó-moots/ v. help

pomyłka /po-mí-wka/ f. error

pomysł /pó-misw/ m. idea

ponad /pó-nat/ prep. above;
over

ponadto /po-nád-to/ prep.
moreover

poniedziałek /po-ñe-dzhá-wek/
m. Monday

ponieść /pó-neshch/ v. sustain;
carry; bear

ponieważ /po-ñé-vash/ conj.
because; as; since; for

poniżej /po-née-zhey/ adv.
below; beneath

ponowny /po-nó-vni/ adj. m.
repeated; renewed

pończocha /poñ-chó-kha/ f.
stocking

popielniczka /po-pyel-ñeéch-ka/
f. ash-tray

popierać /po-pyé-rach/ v.
support; back up

popiół /pó-pyoow/ m. ashes;
cinders

popołudnie /po-po-wóod-ñe/ n.
afternoon

poprawa /po-prá-va/ f. improvement

poprawiać /po-prá-vyach/ v. correct /something/

poprosić /po-pró-sheech/ v. ask; beg; demand

po prostu /po pró-stoo/ adv. simply

poprzedni /po-pzhéd-ñee/ adj. m. previous

popsuć się /pó-psooch shañ/ v. break down; go bad

pora /pó-ra/ f. time; season

poradnik /po-rád-ñeek/ m. guide; handbook

poradzić /po-rá-dźhech/ v. advise

poranek /po-rá-nek/ m. morning

porcja /pór-tsya/ f. portion

poręcz /pó-rañch/ f. banister

poród /pó-root/ m. child delivery

porównać /po-roóv-nach/ v. compare

port /port/ m. port

portfel /pórt-fel/ m. wallet

portier /pór-tyer/ m. doorman

poruszać /po-roó-shaćh/ v.
 move; touch

porywać /po-rí-vaćh/ v.
 snatch; carry out

porządek /po-zhówn-dek/ n.
 order

porządny /po-zhówn-dni/ adj. m.
 neat; decent

posada /po-sá-da/ f. employment

posiadać /po-śhá-daćh/ v. own;
 hold; possess

posiłek /po-śhée-wek/ m. meal;
 refreshment

posłodzić /po-swó-dżheećh/ v.
 sweeten

posłuchać /po-swoó-khaćh/ v.
 listen; obey; take advice

posłuszny /po-swoósh-ni/ adj.
 m. obedient

posolić /po-so-leećh/ v.
 salt /once/

pospolity /po-spo-leé-ti/ adj.
 m. vulgar; common

postać /pó-stach/ f. form;
 shape; figure
postanowić /po-sta-nó-veech/ v.
 decide; enact
postawić /po-stá-veech/ v.
 set up; put up
posterunek /po-ste-róo-nek/ m.
 outpost; sentry
postępować /po-stáñ-po-vach/
 v. act; behave; deal; proceed
postój /pó-stooy/ m. halt;
 stand; parking
posuwać /po-sóo-vach/ v. move;
 shove; push on
posyłać /po-sí-wach/ v. send
 over
pościel /póśh-chel/ f. bed-
 clothes
pośpiech /póśh-pyekh/ m. haste;
 hurry
pośpieszyć się /po-shpyé-shych
 śhäñ/ v. hurry
potąd /pó-tównt/ adv. up to here
potem /pó-tem/ adv. after; then;
 afterwards; later on

potrafić /po-trá-feech/ v. know
 how to do

potrawa /po-trá-va/ f. dish

po trochu /po tró-khoo/ adv.
 little by little

potrzeba /po-tzhé-ba/ f. need;
 want ; lack

potrzebny /po-tzhéb-ni/ adj. m.
 necessary

potrzymać /po-tzhí-mach/ hold
 for some time

poważny /po-vázh-ni/ adj. m.
 earnest; grave

powiedzieć /po-vyé-dżhech/ v.
 say; tell

powieka /po-vyé-ka/ f. eyelid

powierzchnia /po-vyézhkh-ňa/ f.
 surface

powiesić /po-vyé-sheech/ v.
 hang

powietrze /po-vyé-tzhe/ n. air

powitać /po-veé-tach/ v.
 welcome; salute

powodować /po-vo-dó-vach/ v.
 cause; effect; bring about

powoli /po-vó-lee/ adv. slowly

powód /pó-voot/ m. cause;
 reason; ground; motive

powrót /pó-vroot/ m. return

powszedni /po-vshéd-ñee/ adj.
 m. everyday; commonplace

powtarzać /po-vtá-zhach/ v.
 say again; go over ; repeat

poza /pó-za/ prep. beyond;
 besides; except; apart

poziom /pó-żhom/ m. level

poznać /pó-znach/ v. get to
 know; recognize

pozostać /po-zó-stach/ v.
 remain; stay behind

pozwolić /po-zvó-leech/ v.
 allow; permit

pożar /pó-zhar/ m. fire /woods,
 buildings/ ; destructive fire

pożegnać /po-zhég-nach/ v. bid
 goodbye

pożyczka /po-zhích-ka/ f. loan

pożyczyć /po-zhí-chich/ v.
 lend; borrow

pożytek /po-zhí-tek/ m. use

pójść /pooyshch/ v. go; go away; go up... /on foot/

pół /poow/ num. half; semi-; demi-

półka /poow-ka/ f. shelf

północ /poow-nots/ f. midnight; north

północny /poow-nóts-ni/ adj. m. north

późny /poóżh-ni/ adj. m. late

praca /prá-tsa/ f. work; job

pracować /pra-tsó-vach/ v. work

prać /prach/ v. wash; beat up

pragnienie /prag-ńé-ńe/ n. thirst; desire

prasować /pra-só-vach/ v. iron /linen etc/

prawda /práv-da/ f. truth

prawie /prá-vye/ adv. almost; nearly

prawny /práv-ni/ adj. m. legal; lawful

prawo /prá-vo/ n. law; adv. right

prąd /prównt/ m. current; stream

prezent /pré-zent/ m. gift

prędki /práńd-kee/ adj. m.
 quick; rapid; fast

prędzej /prań-dzey/ adv.
 quicker; sooner

produkcja /pro-doók-tsya/ f.
 production

profesor /pro-fé-sor/ m.
 professor

projektować /pro-yek-tó-vach/
 v. design

promień /pró-myeń/ m. beam; ray;
 radius

proponować /pro-po-nó-vach/ v.
 propose

prosić /pró-sheech/ v. beg;
 ask; invite; request; pray

prosto /pró-sto/ adv. straight;
 directly

prosty /pró-sti/ adj. m. right;
 straight; direct; simple

proszę /pró-shań/ please

prośba /pró-shba/ f. request;
 demand

protokół /pro-tó-koow/ m. record

prowadzić /pro-vá-dżheech/ v.
 lead; conduct; guide; keep

próba /proó-ba/ f. trial; test;
 proof; ordeal

próg /prook/ m. threshold

próżny /proózh-ni/ adj. m.
 empty; void; vain

prysznic /prísh-ňeets/ m.
 shower bath

prywatny /pri-vát-ni/ adj. m.
 private

przebaczać /pzhe-bá-chach/ v.
 forgive; pardon

przebierać /pzhe-býe-rach/ v.
 choose; sort ; select

przebrać się /pshé-brach śhãn/
 v. change clothes; dress up

przebywać /pzhe-bí-vach/ v.
 stay; reside

przechadzka /pzhe-chádz-ka/ f.
 walk

przechodzić /pzhe-khó-dżheech/
 v. pass /through/; cross

przechowanie /pzhe-kho-vá-ňe/ n.
 safekeeping

przechylić /pzhe-khí-leech/ v.
  tilt; lean; tip; incline
przecież /pzhe-chezh/ conj.
  yet; still; after all; now
przeciętny / pzhe-chánt-ni/
  adj. m. average
przeciw /pzhe-cheev/ prep.
  against; versus
przeciwko /pzhe-cheev-ko/ prep.
  against; contrary
przecznica /pzhech-nee-tsa/ f.
  side-street; cross street
przeczyć /pzhe-chich/ v. deny;
  belie; negate
przeczytać /pzhe-chí-tach/ v.
  read through
przed /pzhet/ prep. before; in
  front of; ahead of;previous to
przede wszystkim /pzhe-de-
  vshíst-keem/ adv. above all;
  first; first of all
przedmieście /pzhed-myésh-che/
  n. suburb
przedmiot /pzhéd-myot/ m. object; subject /matter/

przedpokój /pzhed-pó-kooy/ m.
/waiting-room/ lobby

przedpołudnie /pzhed-po-woód-
ňe/ n. morning

przedstawić /pzhed-stá-veech/
v. present; represent

przedstawienie /pzhed-sta-vyé-
ňe/ n. performance

przedtem /pzhéd-tem/ adv.
before; formerly

przedwczoraj /pzhed-vchó-ray/
adv. the day before yesterday

przegrać /pzhé-grach/ v. lose
/war,a game,etc./

przegryzać /pzhe-grí-zach/ v.
bite through; have a bite

przejazd /pzhé-yast/ m. cross-
ing; passage

przejść /pzheyśhch/ v. pass;
cross; walk; experience

przekaz /pzhé-kas/ m. transfer;
money order

przekonać /pzhe-kó-nach/ v.
convince; persuade/oneself/

przekreślić /pzhe-kresh-leech/
v. cross out; delete; annul

przekroczenie /pzhe-kro-ché-ňe/
n. trespass

przelot /pzhé-lot/ m. over-
flight; flight

przełożyć /pzhe-wó-żhich/ v.
transfer; prefer; shift

przemawiać /pzhe-má-vyach/ v.
speak; harangue; address

przemysł /pzhé-misw/ m. industry

przenieść /pzhé-ňeshch/ v.
transfer; carry over

przepis /pzhé-pees/ m. recipe;
regulation

przepisać /pzhe-peé-sach/ v.
copy; prescribe

przepłynąć /pzhe-pwí-nównch/ v.
swim across; sail across

przepraszać /pzhe-prá-shach/
v. apologize

przepustka /pzhe-poóst-ka/ f.
pass; permit

przerażenie /pzhe-ra-zhé-ňe/ n.
terror; horror

przerwa /pzhér-va/ f. break;
 interruption; interval
przesadzać /pzhe-sá-dzach/ v.
 exaggerate; transplant
przestać /pzhés-tach/ v. cease
przestawiać /pzhe-stáv-yach/
 v. displace; transpose; shift
przestępstwo /pzhe-stáṅp-stvo/
 n. offense; crime
przestraszyć /pzhe-strá-shich/
 v. scare; frighten
przesuwać /pzhe-sóo-vach/ v.
 move; shift; shove; transfer
przeszkadzać /pzhe-shká-dzach/
 v. hinder; trouble; prevent
przeszkoda /pzhesh-kó-da/ f.
 obstacle; hitch; obstruction
przeszłość /pzhésh-woshch/ f.
 past; record; antecedents
prześcieradło /pzhesh-che-rád-
 wo/ n. bedsheet
przetłumaczyć /pzhe-twoo-má-
 chich/ v. translate; explain
przeważnie /pzhe-vázh-ńe/ adv.
 mainly; mostly; chiefly

przewód /pzhé-voot/ m. wire;
conduit; channel

przez /pzhes/ prep. across; in;
over; through; during; within

przód /pzhoot/ m. front; ahead

przy /pzhi/ prep. by; at; near;
by; with; on; about; close to

przybywać /pzhi-bí-vach/ v.
arrive; increase

przychodzić /pzhi-khó-dżheech/
v. come over, aroud, along,
to, again; turn up; arrive

przyczyna /pzhi-chí-na/ f.cause
reason; ground

przydać się /pshí-dach shãn/ v.
be useful; be of use; come in
handy; be helpful

przydział /pzhí-dżhaw/ m.
allotment

przyglądać się /pzhi-glõwn-dach
shãn/ v. observe; gaze; stare

przygnębienie /pzhi-gnãn-byé-
ñe/ n. depression

przygoda /pzhi-gó-da/ f. adventure; accident; event

przygotować /pzhi-go-tó-vach/
 v. prepare

przyjaciel /pzhi-yá-chel/ m.
 friend

przyjaciółka /pzhi-ya-choów-ka/
 f. /girl/ friend

przyjazd /pzhí-yast/ m.
 arrival

przyjaźń /pzhí-yazhň/ f.
 friendship

przyjąć /pzhí-yównch/ v.
 receive; accept

przyjechać /pzhi-yé-khach/ v.
 come /over/; arrive /not on

przyjemność /pzhi-yém-noshch/
 f. pleasure

przyjęcie /pzhi-yán-che/ n.
 admission; adoption; reception

przyjść /pzhiyshch/ v. /on foot/
 come over; come along

przykład /pzhí-kwat/ m.
 example; instance

przykrość /pzhí-kroshch/ f.
 annoyance

przykry /pzhí-kri/ adj. m.
 disagreeable; painful

przylegać /pzhi-lé-gaćh/ v. fit;
 cling; adjoin

przylot /pzhí-lot/ m. plane
 arrival

przynajmniej /pzhi-naý-mńey/
 adv. at least

przynosić /pzhi-nó-śheećh/ v.
 bring; fetch; bear; yield

przypadek /pzhi-pá-dek/ m.
 event; chance; case; incident

przypiąć /pzhí-pyõwnćh/ v. pin;
 fasten

przypominać /pzhi-po-meé-naćh/
 v. remind; recollect ; recall

przypuszczać /pzhi-poósh-chaćh/
 v. suppose

przyroda /pzhi-ró-da/ f. nature

przyrząd /pzhí-zhõwnd/ m.
 instrument; tool

przyśpieszać /pzhiśh-pyé-shaćh/
 v. accelerate; urge

przystanek /pzhi-stá-nek/ m.
 /bus/ stop; station

przystojny /pzhi-stóy-ni/ adj.
 m. handsome; decent

przystosować /pzhi-sto-só-vaćh/
 v. adjust; fit

przysyłać /pzhi-sí-waćh/ v.
 send /something to someone/

przyszłość /pzhísh-woshćh/ f.
 future

przyszły /pzhísh-wi/ adj. m.
 next; future

przyszyć /pzhí-shich/ v. sew on

przytomność /pzhi-tóm-noshćh/
 f. consciousness

przy tym /pzhí tim/ adv. besides

przywitać /pzhi-veé-taćh/ v.
 welcome; greet

przyznać się /pzhí-znaćh shãn/
 v. admit; confess; avow

przyzwoity /pzhi-zvo-eé-ti/ adj.
 m. decent

przyzwyczajać /pzhi-zvi-chá-
 yaćh/ v. accustom

psuć /psooćh/ v. spoil; decay;
 waste; corrupt; damage

ptak /ptak/ m. bird

ptaszek /ptá-shek/ m. little
 bird

pudełko /poo-déw-ko/ n. box

puder /poó-der/ m. powder

pukać /poó-kach/ v. knock

punkt /poonkt/ m. point; mark

punktualny /poonk-too-ál-ni/
 adj. m. punctual

pusty /poós-ti/ adj. m. empty

puszczać/poósh-chach/ v. let
 go; free; fade; drop; emit

puszka blaszana /poósh-ka bla-
 shá-na/ tin can; box

pytać /pí-tach/ v. ask;
 inquire; question

pytanie /pi-tá-ñe/ n.
 question; inquiry

rachować /ra-khó-vach/ v. calculate; **compute**

rachunek /ra-khoó-nek/ m. bill;
 account

racja /ráts-ya/ f. reason;
 ration

raczej /rá-chey/ adv. rather;
 sooner

rada /rá-da/ f. advice; counsel

radio /rá-dyo/ n. radio; wire-
less

radość /rá-doshch/ f. joy; glad-
ness

radzić /rá-dżheech/ v. advise;
suggest; deliberate

rana /rá-na/ f. wound

ranek /rá-nek/ m. morning;
daybreak

ranny /rán-ni/ adj. m. wounded;
injured; morning; early

rano /rá-no/ adv. morning; early

rasa /rá-sa/ f. race; stock;
breed

rata /rá-ta/ f. instalment /pay-
ment/

ratować /ra-tó-vach/ v. rescue;
save

raz /ras/ m. one time; blow

raz /ras/ adv. once; at one
time

razem /rá-zem/ adv. together

rączka /równch-ka/ f. handle;
small hand

recepta /re-tsé-pta/ f. pre-
  scription
redaktor /re-dá-ktor/ m. editor
rejon /ré-yon/ m. region
religia /re-leé-gya/ f. religion
renta /rén-ta/ f. rent; fixed
  income
reperować /re-pe-ró-vach/ v.
  mend; repair
reportaż /re-pór-tash/ m.
  account; commentary
restauracja /res-taw-ráts-ya/
  f. restaurant; restoration
reszta /ré-shta/ f. rest;
  reminder; change
reumatyzm /re-oo-má-tism/ m.
  rheumatism
rezerwować /re-zer-vó-vach/ v.
  reserve; set aside; book
reżyser /re-zhí-ser/ m. stage
  manager; /film/ director
ręcznik /ráńch-ńeek/ m. towel
ręka /ráń-ka/ f. hand
rękaw /ráń-kav/ m. sleeve

rękawiczka /rań-ka-véech-ka/ f.
 glove

robak /ró-bak/ m. worm

robić /ró-beech/ v. make; do;
 work

robota /ro-bó-ta/ f. work; job

robotnica /ro-bot-ńée-tsa/ f.
 worker

robotnik /ro-bót-ńeek/ m.
 worker

roczny /róch-ni/ adj. m.
 annual

rodzaj /ró-dzay/ m. kind; sort;
 gender

rodzice /ro-dzhée-tse/ pl.
 parents

rodzina /ro-dżhée-na/ f. family

rok /rok/ m. year

rolnik /ról-ńeek/ m. farmer

ropa /ró-pa/ f. puss; crude oil

rosnąć /rós-nównch/ v. grow

rosół /ró-soow/ m. broth;
 bouillon

roślina /rosh-lée-na/ f. plant;
 vegetable

rower /ró-ver/ m. bike; cycle

rozbić /róz-beech/ v. smash;
 defeat; wreck

rozbierać /roz-byé-rach/ v. un-
 dress; strip; dismount

rozdział /róz-dżhaw/ chapter;
 distribution; disunion

rozebrać /ro-zé-brach/ v. un-
 dress; take apart; analyze

rozejść się /ró-zeyśhćh śhāñ/
 v. split; part; separate

rozgniewać /roz-gñé-vach/ v.
 anger; vex; irritate

rozkaz /róz-kas/ m. order

rozkazać /roz-ká-zach/ v. order

rozkosz /róz-kosh/ f. delight

rozkwit /róz-kveet/ m. bloom

rozładować /roz-wa-dó-vach/ v.
 unload; discharge

rozłączyć /roz-wōwn- cich/ v.
 disconnect; separate; disjoin

rozmaity /roz-ma-eé-ti/ adj. m.
 various; miscellaneous

rozmawiać /roz-má-vyach/ v.
 converse; talk

rozmiar /róz-myar/ m. dimension;
 extent

rozmowa /roz-mó-va/ f.
 conversation; talk

rozmyślić się /roz-mísh-leech
 shãn/ v. change one's mind

rozpacz /róz-pach/ f. despair

rozpakować /roz-pa-kó-vach/ v.
 unpack

rozpęd /róz-pãnt/ m. impetus;
 dash

rozpoczynać /roz-po-chí-nach/
 v. begin; start going; open

rozporek /roz-pó-rek/ m. fly

rozprawa /roz-prá-va/ f. trial;
 showdown; dissertation; debate

rozpusta /roz-póo-sta/ f. de-
 bauch; riot; libertinism

rozrywka /roz-rí-vka/ f.
 amusement; recreation

rozsądek /roz-sówn-dek/ m.
 good sense; discretion

rozsądny /roz-sówn-dni/ adj. m.
 sensible; reasonable

rozstać się /róz-stach śhāh/ v.
part; give up

rozstrój /róz-strooy/ m. upset;
disorder ; **disarray**

rozsypać /roz-sí-pach/ v.
disperse ; **scatter**

rozszerzać /roz-shé-zhach/ v.
widen; broaden; enlarge; ex-
pand

roztargniony /roz-targ-ńó-ni/
adj. m. absentminded; far-away

rozum /ró-zoom/ m. mind; intel-
lect; understanding; brains

rozumieć /ro-zóó-myech/ v.
understand; get; perceive

rozwiązać /roz-vyṍwn-zach/ v.
untie; solve; undo; dissolve

rozwód /róz-voot/ m. divorce

rozwój /róz-vooy/ m. development; evolution; growth

ród /root/ m. clan; breed; family; stock

róg /rook/ m. horn; corner;
bugle; antler

równać /roóv-nach/ v. equalize;
level; make even ; smooth

równie /roóv-ñe/ adv. equally

również /roóv-ñesh/ conj. also;
too; likewise; as well

równoczesny /roov-no-chés-ni/
adj. m. simultaneous

równowaga /roov-no-vá-ga/ f.
equilibrium; balance; poise

równy /roóv-ni/ adj. m. equal;
even; plain; level; flat

róża /roó-zha/ f. rose

różnica /roozh-ñée-tsa/ f.
difference; disparity; dissent

ruch /rookh/ m. move; movement;
traffic; motion; gesture

ruina /roo-eé-na/ f. ruin; wreck

rujnować /rooy-nó-vach/ v. ruin;
destroy; undo

rura /roó-ra/ f. tube; pipe

ruszać /roó-shach/ v. move;
stir; touch; start

ryba /rí-ba/ f. fish

rybak /rí-bak/ m. fisher

rynek /rí-nek/ m. market

rysunek /ri-soó-nek/ m. sketch;
drawing; draft

ryzyko /ri-zí-ko/ n. risk

rzadki /zhád-kee/ adj. m. rare

rzadko /zhád-ko/ adv. seldom;
rarely

rząd /zhow̃nt/ m. row; rank;
file; line up; government

rzecz /zhech/ f. thing; matter;
stuff; deal; work; subject

rzeczowo /zhe-chó-vo/ adv. fac-
tually; terse; business like

rzeczpospolita /zhech-pos-po-
leé-ta/ f. republic; common-
wealth

rzeczywistość /zhe-chi-veés-
toshćh/ f. reality

rzeka /zhé-ka/ f. river

rzekomo /zhe-kó-mo/ adv. would
be; allegedly; supposedly

rzemieślnik /zhe-myéshl-ñeek/
m. artisan; craftsman

rzeźnik /zhéźh-ñeek/ m. butcher

rzucać /zhoó-tsaćh/ v. throw;
fling; dash; toss; cast

sala /sá-la/ f. hall

sałata /sa-wá-ta/ f. lettuce; salad

sam /sam/ adj. m. alone; one-self; m. selfservice shop

samica /sa-mée-tsa/ f. female

samiec /sá-myets/ m. male

samochód /sa-mó-khoot/ m. automobile; car

samolot /sa-mó-lot/ m. airplane

samouczek /sa-mo-oó-tchek/ m. handbook /for self-instruction/

sąd /sównt/ m. court; judgement

sądzić /sówn-dżheech/ v. judge; think; believe; expect; guess

sąsiad /sówn-shat/ m. neighbor

schody /skhó-di/ pl. stairs

schodzić /skhó-dżheech/ v. get down; go down stairs

schronisko /skhro-ñees-ko/ n. shelter; refuge; hostel

sekunda /se-koó-nda/ f. second

sen /sem/ m. sleep; dream

sens /sens/ m. sense; significance

ser /ser/ m. cheese

serce /sér-tse/ n. heart

serdeczny /ser-déch-ni/ adj. m.
 hearty; cordial

serio /sér-yo/ adv. seriously

serwus /sér-voos/ hallo! so
 long! cheerio!

setka /sét-ka/ f. hundred

sezon /sé-zon/ m. season

sędzia /sáṅ-dżha/ m. judge;
 umpire; referee

siadać /shá-dach/ v. sit down;
 take a seat

siatka /shát-ka/ f. net; screen

siebie /shé-bye/ pron. /for/
 self

siedem /shé-dem/ num. seven

siedemdziesiąt /she-dem-dżhé-
 shoṽnt/ num. seventy

siedemdziesiąty /she-dem-dżhe-
 shoṽn-ti/ num. seventieth

siedemnasty /she-dem-nás-ti/
 num. seventeenth

siedemnaście /she-dem-náśh-che/
 num. seventeen

siedemset /śhé-dem-set/ num.
seven hundred

siekiera /śhe-ké-ra/ f. axe

sień /śheń/ f. hallway; cor-
ridor

sierota /śhe-ró-ta/ m. f.
orphan

sierpień /śhér-pyeń/ m. August

się /śhãṍ/ pron. self /oneself;
myself etc./

sięgać /śhãṍ-gaćh/ v. reach

silnik /śhíl-ńeek/ m. motor

silny /śhíl-ni/ adj. m. strong;
powerful

siła /śhée-wa/ f. force; power;
strength

siostra /śhós-tra/ f. sister

siódemka /śhoo-dém-ka/ f. seven

siódmy /śhoód-mi/ num. seventh

siwy /śhée-vi/ adj. m. gray;
blue

skakać /ská-kaćh/ v. jump;
spring; bounce; leap; skip

skaleczyć /ska-lé-chićh/ v.
hurt; injure; cut

skała /ská-wa/ f. rock

skandal /skán-dal/ m. scandal

skarb /skarb/ m. treasure;
treasury

skarga /skár-ga/ f. complain;
suit; claim; charge

skarpetka /skar-pét-ka/ f. sock

skąd /skõwnt/ adv. from where;
since when

skąpy /skõwn-pi/ adj. m.
stingy; scanty; meager

skierować /ske-ró-vaćh/ v.
direct /to somewhere/

sklep /sklep/ m. store; shop

skład /skwat/ m. composition;
warehouse; store

składać /skwá-daćh/ v. make up;
compose; piece

skłonny /skwón-ni/ adj. m.
disposed; inclined

skoczyć /skó-chićh/ v. leap;
jump; spring

skok /skok/ m. jump; leap; hop

skomplikowany /skom-plee-ko-vá-
ni/ adj. m. complex; intricate

skończyć /skóń-chich/ v. finish

skoro /skó-ro/ conj. after;
 since; as;   adv. very soon

skorowidz /sko-ró-veets/ m.
 index

skóra /skoó-ra/ f. skin; hide;
 leather

skórka /skoór-ka/ f. skin; peel;
 crust

skórzany /skoo-zhá-ni/ adj. m.
 leather;made of leather

skradać się /skrá-dach śhãn/
 v. steal; creep

skromny /skróm-ni/ adj. m.
 modest

skroń /skroń/ f. temple

skrócić /skroó-cheech/ v.
 abbreviate; shorten

skrzydło /skzhíd-wo/ n. wing;
 leaf; brim; /fan/ arm

skrzynia /skzhí-ña/ f. chest;
 box

skrzyżowanie /skzhi-zho-vá-ñe/
 pl. n. crossroads

skuteczny /skoo-téch-ni/ adj.
 m. effective; efficient
skutek /skóo-tek/ m. effect;
 result; outcome; consequence
słaby /swá-bi/ adj. m. weak;
 feeble
sławny /swáv-ni/ adj. m.
 famous; glorious
słodki /swód-kee/ adj. m. sweet
słony /swó-ni/ adj. m. salty
słoń /swoň/ m. elephant
słońce /swoň-tse/ n. sun
słota /swó-ta/ f. foul weather
Słowianin /swo-vyá-ňeen/ m.
 Slav
słowo /swó-vo/ n. word; verb
słuch /swookh/ m. hearing
słuchać /swóo-khach/ v. hear;
 obey
słuszny /swóosh-ni/ adj. m.
 just; fair; right; apt
służbowy /swoozh-bó-vi/ adj. m.
 official
słychać /swi-khach/ v. people
 say; one hears

słynny /swín-ni/ adj. m. famous

słyszeć /swí-shech/ v. hear

smacznego! /smach-né-go/ exp.
 good appetite!; enjoy your food!

smaczny /smách-ni/ adj. m. tasty

smak /smak/ m. taste; relish;
 savor

smakować /sma-kó-vach/ v. taste

smażyć /smá-zhich/ v. fry

smutek /smoó-tek/ m. sorrow;
 sadness; grief

smutny /smoót-ni/ adj. m. sad

sobota /so-bó-ta/ f. Saturday

sok /sok/ m. sap; juice

solidarność /so-lee-dár-noshch/
 f. solidarity

solniczka /sol-ñeéch-ka/ f.
 saltshaker

sos /sos/ m. gravy; sauce

sól /sool/ f. salt

spacerować /spa-tse-ró-vach/
 v. walk; stroll

spać /spach/ v. sleep

spakować /spa-kó-vach/ v. pack
 up

specjalista /spets-ya-leé-sta/
 m. specialist

spełniać /spéw-ñach/ v. perform;
 fulfill

spędzać /spáñ-dzach/ v. spend
 /time/; round up /cattle/

spis /spees/ m. list; register;
 inventory

spłacić /spwá-cheech/ v. pay
 off

spłukać /spwoó-kach/ v. rinse;
 flush

spod /spot/ prep. form under

spodnie /spód-ñe/ n. trousers;
 pants; slacks

spodziewać się /spo-dżhé-vach
 shãñ/ v. expect; hope

spojrzeć /spóy-zhech/ v. look;
 glance at

spokojny /spo-kóy-ni/ adj. m.
 quiet; calm; peaceful

spokój /spó-kooy/ m. peace;
 calm

sporo /spó-ro/ adv. good deal;
 a lot of; briskly

sportowiec /spor-tó-vyets/ m,
sportsman

spory /spó-ri/ adj. m. pretty;
big; fair sized; sizable

sposób /spó-soop/ m. means; way

spotkać /spót-kaćh/ v. come
across; meet

spotkać się /spót-kaćh śhãñ/ v.
meet; have appointment with;
have a date with

spotkanie /spot-ká-ñe/ n.
meeting; date; encounter

spożycie /spo-zhí-ćhe/ n.
consumption

spód /spoot/ m. bottom; foot

spódnica /spood-ñeé-tsa/ f.
skirt; petticoat

spółka /spóow-ka/ f. partner-
ship; company

spóźniać się /spoóżh-ñaćh śhãñ/
v, be late; be slow

spragniony /sprag-ñó-ni/ adj.
m.thirsty

sprawa /sprá-va/ f. affair;
matter; cause; case

sprawdzić /správ-dźheećh/ v.
 verify; examine; test; check

sprawiać /sprá-vyaćh/ v. cause;
 bring to pass

sprawunek /spra-vóo-nek/ m.
 purchase

sprężyna /sprãn-zhí-na/ f.
 spring; mainspring; impulse

sprytny /sprí-tni/ adj. m. cute;
 tricky; clever; cunning

sprzątać /spzhówn-taćh/ v.
 tidy up; clean up; clear up

sprzeciwiać się /spzhe-ćhéé-
 vyaćh śhãn/ v. object; oppose

sprzedać /spzhé-daćh/ v. sell;
 dispose of; trade away

sprzedawca /spzhe-dáv-tsa/ m.
 salesman

sprzedawczyni /spzhe-dav-chí-
 ñee/ f. saleslady

sprzęt /spzhãnt/ m. furniture;
 accessories; utensils; outfit

spuszczać /spóosh-chaćh/ v. let
 down; drop; lower; drain

srebro /sréb-ro/ n. silver

stacja /státs-ya/ f. station

stacja benzynowa /státs-ya ben-zi-nó-va/ f. filling station

stać /stach/ v. stand; be stopped; farewell;   afford

stal /stal/ f. steel

stały /stá-wi/ adj. m. stable; permanent; solid; fixed

stamtąd /stám-townt/ adv. from there; from over there

stan /stan/ m. state; status; condition; order; estate

stanowić /sta-nó-veech/ v. establish; determine; constitute; decide; proclaim

stanowisko /sta-no-veés-ko/ n. position; post; status; stand

starać się /stá-rach shãn/ v. take care; try one's best

staranny /sta-rán-ni/ adj. m. careful; accurate; nice; exact

starczyć /stár-chich/ v.suffice

stary /stá-ri/ adj. m. old

statek /stá-tek/ m. ship; craft; vessel ;boat

stawać /stá-vaćh/ v. stop; stand

stawać się /stá-vaćh śhãn/ v.
become

stąd /stównt/ adv. from here;
away

sto /sto/ num. hundred

stocznia /stó-chńa/ f. shipyard

stolica /sto-lée-tsa/ f.
capital

stolik /stó-leek/ m. small
table

stołek /stó-wek/ m. stool

stłówka /sto-woóv-ka/ f. mess
hall;canteen

stopa /stó-pa/ f. foot

stopa życiowa /stó-pa zhi-ćhó-
va/ f. living standard

stopień /stó-pyeń/ m. /stair/
step; degree; grade

stosunek /sto-soó-nek/ m. rate;
relation; proportion; inter-
course

stół /stoow/ m. table

strach /strakh/ m. fear; fright

strata /strá-ta/ f. loss

strawić /strá-veećh/ v.
digest; consume

strefa /stré-fa/ f. zone

streszczenie /stresh-ché-ńe/
n. résumé; summary

stromy /stró-mi/ adj. m. steep

strona /stró-na/ f. side; page;
region; aspect; part; party

stryj /striy/ m. uncle

stryjek /strí-yek/ m. /paternal/
uncle

strzelac /stzhé-lach/ v. shoot

strzyc /stzhits/ v. cut; clip;
shear; cut /hair/

student /stoó-dent/ m. student

studia /stoó-dya/ n. pl.
studies

studiować /stoo-dyó-vach/ v.
study

styczeń /stí-cheń/ m. January

stygnąć /stíg-nõwńch/ v. cool
down

stykać się /stí-kach śhãń/ v.
contact; touch

suchy /soó-khi/ adj. m. dry

sukces /soók-tses/ m. success

sukienka /soo-kén-ka/ f. dress; frock

suknia /soó-kňa/ f. dress; gown

suma /soó-ma/ f. sum; total; high mass

sumienie /soo-myé-ňe/ n. conscience

surowy /soo-ró-vi/ adj. m. severe; raw; coarse; harsh

swój /svooy/ pron. his; hers; its

sympatyczny /sim-pa-tích-ni/ adj. m. congenial

sympatyzować /sim-pa-ti-zó-vaćh/ v. like; go along; feel with

syn /sin/ m. son

synowa /si-nó-va/ f. daughter in law

sypialnia /si-pyál-ňa/ f. bedroom

sypki /síp-kee/ adj. m. loose /dry/

sytuacja /si-too-á-tsya/ f. situation

szachy /shá-khi/ pl. chess

szacunek /sha-tsóo-nek/ m.
valuation; respect

szafa /shá-fa/ f. chest; wardrobe; bookcase; cupboard

szalenie /sha-lé-ñe/ adv.
madly; terribly

szanować /sha-nó-vach/ v.
respect; honor

szanowny /sha-nóv-ni/ adj. m.
honorable; worthy; dear /sir/

szary /shá-ri/ adj. m. gray

szatan /shá-tan/ m. satan; devil
very strong coffee

szatnia /shá-tña/ f. locker
room; coat room

szatynka /sha-tí-nka/ f. dark-
blond girl

szczególny /shche-góol-ni/ adj.
m. peculiar; special; specific

szczegółowy /shche-goo-wó-vi/
adj. m. detailed; minute

szczelny /shchél-ni/ adj. m.
/water, air,etc./ tight

szczeniak /shché-ńak/ m.
 puppy; kid

szczepić /shché-peech/ v.
 vaccinate; inoculate

szczery /shché-ri/ adj. m.
 sincere; frank; candid

szczęka /shchán-ka/ f, jaw

szczęście /shcháńsh-che/ n.
 happiness; good luck

szczęśliwy /shcháńsh-lée-vi/
 adj. m. happy; lucky

szczupły /shchoóp-wi/ adj. n.
 slim; slender; thin; lean

szczyt /shchit/ m. top; summit

szef /shef/ m. boss; chief

szeptać /shép-tach/ v.whisper

szereg /shé-reg/ m. row; file;
 series

szeroki /she-ró-kee/ adj. m.
 wide; broad; ample

szesnasty /shes-nás-ti/ num.
 sixteenth

szesnaście /shes-náśh-che/ num.
 sixteen

sześcian /shéśh-chan/ m. cube

sześć /sheśhćh/ num. six

sześćdziesiąt /sheśhćh-dźhé-shõwnt / num. sixty

sześćdziesiąty /sheśhćh-dźhe-shõwn-ti/ adj. m. sixtieth

sześćset /sheśhćh-set/ num. six hundred

szew /shev/ m. seam

szewc /shevts/ m. shoemaker

szklanka /shklán-ka/ f. /drinking/ glass

szkło /shkwo/ n. glass

szkoda /shkó-da/ f. damage; harm

szkodzić /shkó-dźheećh/ v. harm; injure

szkoła /shkó-wa/ f. school

szlafrok /shláf-rok/ m. house robe; wrapper; dressing gown

szmata /shmá-ta/ f. clout; rag

szminka /shmeén-ka/ f. lip-stick; paint /cosmetic/

szofer /shó-fer/ m. chauffeur; driver

szowinizm /sho-veé-ńeezm/ m. chauvinism

szósty /shoós-ti/ adj. m. num.
 sixth
szpilka /speél-ka/ f. pin/small/
szpital /shpeé-tal/ m. hospital
sztandar /shtán-dar/ m. banner
sztuka /shtoó-ka/ f. art; piece
 /stage/ play; stunt; cattlehead
sztukować /shtoo-kó-vach/ v.
 piece; patch
sztywny /shtív-ni/ adj. m. stiff
szuflada /shoof-lá-da/ f.
 drawer
szukać /shoó-kach/ v.
 look for; seek ; search
szyba /shí-ba/ f. /glass/ pane
szybki /shíp-kee/ adj. m.
 quick; fast; prompt
szybko /shíp-ko/ adv. quickly;
 fast; promptly
szyć /shich/ v. sew
szyja /shí-ya/ f. neck
szykować /shi-kó-vach/ v. make
 ready; prepare
szynka /shín-ka/ f. ham

ściana /shćhá-na/ f. wall

ścinać /shćheé-naćh/ v. cut
 off; cut down; fell /tree/

ściskać /shćheés-kaćh/ v. com-
 press; shake /hand/; squeeze

ślad /shlat/ m. trace; track;
 /foot/ print

śledzić /shlé-dżheećh/ v. spy;
 watch; investigate; observe

ślepy /shlé-pi/ adj. m. blind

śliczny /shleéch-ni/ adj. m.
 pretty; lovely; dandy

ślina /shleé-na/ f. saliva

śliski /shleés-kee/ adj. m.
 slippery; slimy

śliwka /shleéf-ka/ f. plum

ślub /shloop/ m. wedding; vow

śmiać się /shmyaćh shán/ v.
 laugh

śmiech /shmyekh/ m. laughter

śmiecie /shmyé-ćhe/ pl.
 rubbish; garbage

śmieć /shmyećh/ m. litter; rag

śmierć /shmyerćh/ f. death

śmieszny /śhmyésh-ni/ adj. m.
 funny; ridiculous

śmietana /śhmye-tá-na/ f.
 sourcream

śmietnik /śhmyét-ñeek/ m.
 garbage can; garbage dump

śniadanie /śhña-dá-ñe/ n.
 breakfast

śnieg /śhñeg/ m. snow

śpieszyć się /śhpyé-shich śhãñ/
 v. hurry; be in a hurry; rush

śpiew /śhpyev/ m. song

śpiewaczka /śhpye-vách-ka/ f.
 singer

śpiewać /śhpyé-vach/ v. sing

śpiewak /śhpyé-vak/ m. singer

śpiwór /śhpeé-voor/ m.
 sleeping bag

średni /śhréd-ñee/ adj. m.
 average; medium

średnio /śhréd-ño/ adv.
 average; medium-

środa /śhró-da/ f. Wednesday

środowisko /śhro-do-veés-ko/ n.
 surroundings; environment

śruba /śhroó-ba/ f. screw

śrubokręt /śhroo-bó-kraňt/ m.
 screwdriver

świadectwo /śhvya-déts-tvo/ n.
 certificate

świat /śhvyat/ m. world

światło /śhvyát-wo/ n. light

światowy /śhvya-tó-vi/ adj. m.
 world; worldly

świąteczny /śhvyõwn-téch-ni/
 adj. m. festive

świeca /śhvyé-tsa/ f. candle

świecić /śhvyé-cheeĆh/ v. light
 up; shine; glitter; sparkle

świetny /śhvyét-ni/ adj. m.
 splendid

świeży /śhvyé-zhi/ adj. m.
 fresh; new

święcić /śhvyáň-cheeĆh/ v.
 celebrate

święta /śhvyáň-ta/ pl. holidays

święto /śhvyáň-to/ n. holiday

święty /śhvyáň-ti/ adj. m. saint

świnia /śhveé-ňa/ f. swine; hog;
 pig

świt /shveet/ m. daybreak;dawn

ta /ta/ f. pron. /see "ten"

tabela /ta-bé-la/ f. table;
 index; list

tabletka /tab-lét-ka/ f. pill;
 tablet

tablica /tab-leé-tsa/ f. board;
 blackboard; switchboard; slab

tajemnica /ta-yem-ñeé-tsa/ f.
 secret; mystery

tak /tak/ part. yes; adv. thus;
 as; indecl.: like this

taki /tá-kee/ adj. m. such;

taksówka /tak-soóv-ka/ f. taxi

taktowny /tak-tóv-ni/ adj. m.
 tactful

także /ták-zhe/ adv. also; too;
 as well; likewise; alike

talerz /tá-lesh/ m. /food/plate

tam /tam/ adv. there; yonder

tamtejszy /tam-teý-shi/ adj. m.
 from there; living there

tamten /tám-ten/ pron. that

tamtędy /tam-tãn-di/ adv. that
 way

tancerz /tán-tsesh/ m. dancer

tani /tá-nee/ adj. m. cheap

tańczyć /táń-chich/ v. dance

tapczan /táp-chan/ m. couch;
 convertible bed

taras /tá-ras/ m. terrace

targ /targ/ m. country market

targować /tar-gó-vach/ v. sell;
 bargain; trade; haggle

taśma /táśh-ma/ f. band; tape

tchórz /tkhoosh/ m. skunk;
 coward

teatr /té-atr/ m. theatre

teatralny /te-a-trál-ni/ adj.
 m. theatrical; scenic

techniczny /tekh-ńéech-ni/ adj.
 m. technical

teczka /téch-ka/ f. briefcase;
 folder

tekst /tekst/ m. text

telefon /te-lé-fon/ m.
 telephone

telefonować /te-le-fo-nó-vach/
 v. ring up; telephone ; call

telegraf /te-lé-graf/ m.
  telegraph

telewizja /te-le-veéz-ya/ f.
  television

telewizor /te-le-veé-zor/ m.
  television set

temat /té-mat/ m. subject

temperatura /tem-pe-ra-toó-ra/
  f. temperature

ten, ta, to /ten,ta,to/
  m.f.n. pron. this

teoria /te-ó-rya/ f. theory

teraz /té-ras/ adv. now; nowadays

termin /tér-meen/ m. term;
  apprenticeship

termometr /ter-mó-metr/ m.
  thermometer

tędy /tán-di/ adv. this way

tęsknić /tánsk-ñeeċh/ v. long
  /for/; yearn; be nostalgic

tętno /tánt-no/ n. pulse

tlen /tlen/ m. oxygen

tło /two/ n. background

tłuc /twoots/ v.pound; hammer

tłum /twoom/ m, crowd

tłumacz /twóo-mach/ m,
interpreter; translator

tłumaczyć /twoo-má-chich/ v.
translate; interpret

tłumaczyć się /twoo-má-chich
śhãń/ v. apologize; explain
oneself; justify oneself

tłusty /twóos-ti/ adj. m. fat;
obese

tłuszcz /twooshch/ m. fat;
grease

to /to/ pron. it

toaleta /to-a-lé-ta/ f. toilet

toaletowe przybory /to-a-le-tó-
ve pzi-bó-ri/ pl. toilet-
articles; cosmetics

ton /ton/ m. sound; tone

tonąć /tó-nõwńch/ v. drown

topić /tó-peech/ v. drown;
melt down

tor /tor/ m. track

torba /tór-ba/ f, bag

torować /to-ró-vach/ v. clear;
pave ; clear a path

tort /tort/ m. tort /multi-layer/ fancy cake

towar /tó-var/ m. merchandise

towarzystwo /to-va-zhíst-vo/ n. company

towarzyszyć /to-va-zhí-shich/ v. accompany

tracić /trá-cheech/ v. lose; waste

trafiać /trá-fyach/ v. hit /a target/; guess right

trafny /trá-fni/ adj. m. exact; correct; right; fit; apt

tragarz /trá-gash/ m. porter

traktować /trak-tó-vach/ v. deal; treat; negotiate; discuss

tramwaj /trám-vay/ m.tramway; tram

transport /tráns-port/ m. transport; haulage; consignment

trasa /trá-sa/ f. route

trawa /trá-va/ f. grass

trącać /trówn-tsach/ v. jostle; elbow; tip; knock; nudge

treść /treshch/ f. content; gist

trochę /tró-khãn/ adv. a little
  bit; a few; some

troszczyć się /trósh-chich shãn/
  v. care; be anxious about

troszeczkę /tro-shéch-kãn/ adv.
  little bit; tiny

trud /troot/ m. toil; pains

trudnić się /tróod-ñeech shãn/
  v. occupy oneself; take trouble

trumna /troo-mna/ f. coffin

truskawka /troos-káv-ka/ f.
  strawberry

trwać /trvach/ v. last; persist;
  stay; remain

trwały /trvá-wi/ adj. m. durable

trząść /tzhõwnshch/ v. shake

trzeba /tzhé-ba/ v. imp. ought
  to; one should

trzeci /tzhé-chee/ num. third

trzeźwy /tzhézh-vi/ adj. m.
  sober

trzy /tzhi/ num. three

trzydziesty /tzhi-dżhés-ti/
  num. thirtieth

trzydzieści /tzhi-dżhésh-chee/
  num. thirty

trzymać /tzhi-mach/ v. hold;
 keep; retain
trzynasty /tzhi-nás-ti/ num.
 thirteenth
trzynaście /tzhi-náśh-che/ num.
 thirteen
trzypiętrowy /tzi-pyãn-tró-vi/
 adj. m. three-story high
trzysta /tzhí-sta/ num.
 three hundred
tu /too/ adv. here
turysta /too-rís-ta/ m. tourist
turystyczny /too-ris-tích-ni/
 adj. m. tourist
tutaj /toó-tay/ adv. here
tutejszy /too-teý-shi/ adj. m.
 local
tuzin /toó-żheen/ m. dozen
tuż /toosh/ adv. near by; close
 by; just before; just after
twardy /tvár-di/ adj. m. hard
twarz /tvash/ f. face
tworzyć /tvó-zhich/ v. create;
 form; compose; produce; make
twój /tvooy/ pron. yours; your

ty /ti/ pron. you /familiar/

tyć /tich/ v. grow fat

tydzień /tí-dżheń/ m. week

tygodnik /ti-gód-ńeek/ m. weekly

tygrys /tíg-ris/ m. tiger

tyle /tí-le/ adv. so much; as
 many

tylko /tíl-ko/ adv. only; merely

tylny /tíl-ni/ adj. m. back;
 hind

tył /tiw/ m. back; rear

tymczasem /tim-chá-sem/ adv.
 meantime ; meanwhile

tysiąc /tí-shównts/ num.
 thousand

tysiąclecie /ti-shównts-lé-che/
 n. millennium

tytoń /tí-toń/ m. tobacco

tytuł /tí-toow/ m. title

u /oo/ prep. beside; at; with;
 by; on; from; in; /idiomatic/

ubiegły /oo-byé-gwi/ adj. m.
 past; last

ubierać /oo-byé-rach/ v. dress

ubierać się /shán/ v. dress oneself

ubikacja /oo-bee-ká-tsya/ f.
toilet

ubogi /oo-bó-gee/ adj. **m**. poor

ubranie /oob-rá-ñe/ n. clothes

ucho /oó-kho/ n. ear; handle;
needle eye

uchwała /oo-khvá-wa/ f. reso-
lution

ucieczka /oo-ćhéch-ka/ f. escape; flight; desertion

uciekać /oo-ćhé-kaćh/ v. flee

ucieszyć się /oo-ćhé-shićh śhãñ/
v. rejoice; be glad

ucisk /oó-ćheesk/ m. oppression

uczciwy /ooch-ćhée-vi/ adj. m.
honest; upright; straight

uczelnia /oo-chél-ña/ f. school;
college; academy

uczeń /oó-cheń/ m. schoolboy

uczesać /oo-ché-saćh/ v. comb
/hair/

uczyć /oó-chićh/ v. teach; train

uczyć się /oó-chićh śhãñ/ v.
learn; study; take lessons

udawać /oo-dá-vaćh/ v. pretend

uderzenie /oo-de-zhé-ñe/ n.
 blow; stroke; hit; bump
udo /oó-do/ n. thigh
udusić /oo-doó-śheećh/ v.
 strangle; smother; stifle
udział /oó-dżhaw/ m. share; part
ufać /oó-fach/ v. trust
ufarbować /oo-far-bó-vach/ v.dye
ujechać /oo-yé-khach/ v. be well
 on one's way /on the trip/
ujemny /oo-yém-ni/ adj. negative
ukarać /oo-ká-rach/ v. punish
układ /oók-wat/ m.scheme; agre-
 ment; disposition; system
ukłonić się /oo-kwó-ñeećh śhãn/
 v. bow; tip one's hat; greet
ukochana /oo-ko-khá-na/ adj. f.
 beloved; darling; pet
ukochany /oo-ko-khá-ni/ adj. m.
 beloved; darling; pet
ul /ool/ m. beehive
ulatniać się /oo-lát-naćh śhãn/
 v. evaporate; vanish
uległy /oo-lég-wi/ adj. m.
 submissive; docile; compliant

ulewa /oo-lé-va/ f. rainstorm
ulga /óo-lga/ f. relief
ulica /oo-lée-tsa/ f. street
ulubiony /oo-loo-byó-ni/ adj. n.
 beloved; favorite; pet
umawiać się /oo-má-vyaćh śhãń/
 v. make a date /or plan/
umeblowanie /oo-me-blo-vá-ñe/
 n. furniture; furnishings
umieć /óo-myećh/ v. know how
umierać /oo-myé-raćh/ v. die
umocnić /oo-móts-ñeećh/ v.
 strengthen; fortify
umowa /oo-mó-va/ f. contract;
 agreement
umożliwić /oo-mozh-leé-veećh/
 v. make possible; enable
umyć /óo-mićh/ v. wash/up/
umysł /óo-misw/ m. mind;intellect
umyślnie /oo-míśhl-ñe/ adv.
 on purpose; specially
umywalnia /oo-mi-vál-ña/ f. wash-
 basin; washroom; washstand
unieważnić /oo-ne-vázh-ñeećh/ v.
 annul; void; cancel; repeal

uniewinnić /oo-ñe-veén-neećh/
y. acquit

unikać /oo-ñeé-kaćh/ v. avoid;
shun; steer clear; abstain from

uniwersytet /oo-ñee-ver-sí-tet/
m. university

upadać /oo-pá-daćh/ v. fall

upaść /oó-paśhćh/ v. have a fall

upiec /oó-pyets/ v. bake; roast

upić się /oó-peećh śhãñ/ v.
get drunk; be intoxicated

upokorzyć /oo-po-kó-zhićh/ v.
humiliate; make eat crow

upominać /oo-po-meé-naćh/ v.
admonish; warn; scold; rebuke

upominek /oo-po-meé-nek/ m.
gift; souvenir

upoważnienie /oo-po-vazh-ñe-ñe/
n. authorization

upór /oó-poor/ m. obstinacy

uprzejmy /oo-pzheý-mi/ adj. m.
kind; polite; nice; suave

uratować /oo-ra-tó-vaćh/ v.
save; salvage; rescue

urazić /oo-rá-zeećh/ v. hurt;
offend

urlop /óó-rlop/ m. leave; furlough; vacation; holiday

uroczystość /oo-ro-chís-toshćh/ f. celebration; festivity

uroda /oo-ró-da/ f. beauty; loveliness; attraction; charm

urodzaj /oo-ró-dzay/ m. good harvest; abundance; crop

urodziny /oo-ro-dżheé-ni/ n. birthday

urok /óó-rok/ m. charm

urwać /óór-vaćh/ v. tear off; pull off; wrench away; deduct

urząd /óózh-ównt/ m. office

urządzać /oo-zhówn-dzaćh/ v. arrange; settle; set up

urządzenie /oo-zhówn-dzé-ńe/ n. furniture; installation; gear

urządzić się /oo-zhówn-dżheećh śhǎń/ v. fix oneself up

urzędnik /oo-zháńd-neek/ m. official; white collar worker

urzędowy /oo-zhǎń-dó-vi/ adj. m. official

usiąść /oó-shŏwnŝhch/ v. sit
down; take a seat

usiłować /oo-śhee-wó-vaćh/ v.
strive; try hard; attempt

usługa /oo-swoó-ga/ f. service;
favor; good turn; help

uspokoić się /oo-spo-kó-eećh
śhãh/ v. calm down; soothe

usprawiedliwić /oo-spra-vyed-
leé-veećh/ v. justify; explain

usta /oó-sta/ n. mouth

ustawa /oo-stá-va/ f. law; rule

ustawiać /oo-stá-vyaćh/ v. arrange; place; put; set up

ustąpić /oo-stŏwn-peećh/ v.
yield; give up; cede; give way

ustęp /oó-stãp/ m. restroom;
paragraph; passage

ustrój /oó-strooy/ m. structure;
government system; organism

usuwać /oo-soó-vaćh/v. remove

uszkodzenie /oo-shko-dzé-ñe/
n. damage; injury

uszyć /oó-shićh/ v. sew /for
someone/

uścisk dłoni /oó-śh-čheesk dwó-ńee/ m. handshake

uśmiech /oóśh-myekh/ m. smile

uśmiechać się /oośh-myé-khach śhãń/ v. smile

uśmiechnięty /oosh-mye-khñãń-ti/ adj. m. smiling

utargować /oo-tar-gó-vach/ v. make a bargain; realize

uwaga /oo-vá-ga/ f. attention; remark; notice; exp: Caution!

uważać /oo-vá-zhach/ v. pay attention; be careful; mind

uważny /oo-vá-zhni/ adj. m. careful; attentive; watchful

uzasadnić /oo-za-sád-ñeech/ v. substantiate; justify

uzdrowisko /oo-zdro-veés-ko/ n. health resort

uzgadniać /ɔo-zgád-ñach/ v. reconcile

uznawać /oo-zná-vach/ v. acknowledge; do justice

uzyskać /oo-zís-kach/ v. gain; obtain; get; win; acquire

użyć /oó-zhićh/ v. use; exert;
 take /medicine/; profit
użyteczny /oo-zhi-téch-ni/ adj.
 m. useful; serviceable
użytek /oo-zhí-tek/ m. use
używać /oo-zhí-vach/ v. use;
 enjoy; exercise right
używany /oo-zhi-vá-ni/ adj. m.
 used; second-hand; worn
w /v/ prep. in; into; at
we /ve/ prep. in; into; at
waga /vá-ga/ f. weight;
 balance; pair of scales
wagon /vá-gon/ m. car; wagon
wahać się /vá-khach śhãn/ v.
 hesitate; sway; rock; swing
wakacje /va-ká-tsye/ pl.
 vacation; holidays
walizka /va-leé-zka/ f.
 suitcase
walka /vál-ka/ f. struggle;
 fight; war; battle; wrestling
waluta /va-loó-ta/ f. currency
wanna /ván-na/ f. bath tub
warga /vár-ga/ f. lip

wariat /vá-ryat/ n. insane; mad-
man; fool; lunatic

warstwa /várs-tva/ f. layer

warto /vá-rto/ adv. it's worth
while; it's proper

wartość /vár-toshch/ f. value;
worth

warunek /va-roó-nek/ m. condition; requirement; term

wasz /vash/ pron. your; yours

ważny /vázh-ni/ adj. m. important; valid; significant

ważyć się /vá-zhich shãn/ v.
dare; weigh oneself

wąchać /vówn-khach/ v. smell

wąski /vówn-skee/ adj. m.narrow

wątpić /vównt-peech/ v. doubt

wątroba /vown-tró-ba/ f. liver

wąż /vównsh/ m. snake; hose

wcale /vtsá-le/ adv. quite

wcale nie /vtsá-le ne/ not at
all /exp/

wchodzić /vkhó-dżheech/ v. enter; get in; set in; climb

wciąż /vchównsh/ adv. continual-
ly; constantly; always

w czas /v chas/ on time

wczasy /vchá-si/ pl. vacations

wczasowicz /vcha-só-veech/ m.
holiday-maker; vacationist

wczesny /vchés-ni/ adj. m. early

wcześnie /vchéśh-ńe/ adv. early

wczoraj /vchó-ray/ adv. yesterday

w dół /v doow/ adv. down; downwards

według /véd-wook/ prep. according to; after; along; near

wejście /veýśh-che/ n. entrance; way in; admission

wejść /veyśhch/ v. enter; get in

wełna /véw-na/ f. wool

wełniany /vew-ńá-ni/ adj. m.
woolen; worsted

wesele /ve-sé-le/ n. wedding

wesoły /ve-só-wi/ adj. m. merry;
gay; jolly; gleeful; funny

wewnątrz /vév-nõwntsh/ prep.,
adv. inside; within; intra-

węch /váńkh/ m. smell; nose

wędlina /vañd-leé-na/ f. meat
products; pork products

węgiel /vǎn-ġel/ m. coal
wiadomo /vya-dó-mo/ v. /imp./
  it is known; everybody knows
wiadomość /vya-dó-mośhćh/ f.
  news; information; message
wiadro /vyá-dro/ n. bucket;pail
wiara /vyá-ra/ f. faith
wiatr /vyatr/ m. wind; breeze
widelec /vee-dé-lets/ m. fork
widocznie /vee-dó-chńe/ adv.
  evidently; apparently; clearly
widok /veé-dok/ m. view; sight
widywać /vee-dí-vach/ v. see
  /often, regularly etc./
widz /veets/ m. spactator
widzieć /veé-dźhech/ v. see
wieczny /vyé-chni/ adj. m.
  eternal; perpetual; endless
wieczór /vyé-choor/ m. evening
wiedza /vyé-dza/ f. knowledge
wiedzieć /vyé-dźhech/ v. know
wiejski /vyéy-skee/ adj. m.
  village; rural; rustic
wiek /vyek/ m. age; century
wielce /vyél-tse/ adv. very

wiele /vyé-le/ adv. many;
a lot; much; far out

wielki /vyél-kee/ adj.m. big;
large; great; vast; keen

wieprzowina /vyep-zho-veé-na/
f. pork

wierzyć /vyé-zhich/ v. believe;
trust; rely; believe in God

wieś /vyeśh/ f. village; coun-
tryside; hamlet

wieźć /vyeżhch/ v. carry /on
wheels/; transport

więc /vyãnts/ conj. now; well;
therefore; so; consequently

więcej /vyãn-tsey/ adv. more

większy /vyãnk-shi/ adj. m.
bigger; larger; greater

więzienie /vyãn-żhé-ňe/ n.
prison; confinement; jail

wilgotny /veel-gót-ni/ adj. m.
moist; humid; damp; wet

wina /veé-na/ f. guilt; fault

winda /veén-da/ f. elevator

wino /veé-no/ n. wine

wiosło /vyós-wo/ n. oar; paddle

wiosna /vyó-sna/ f. Spring

wisieć /veé-śhech/ v. hang; sag

wiśnia /veéśh-ňa/ f. cherry/tree/

witać /veé-tach/ v. greet;
welcome; meet to welcome

witamina /vee-ta-meé-na/ f.
vitamin

wizyta /vee-zí-ta/ f. call;
visit; be on a visit

wjazd /vyazt/ m. /car/ entrance

wkładać /vkwá-dach/ v. put in/on/

wkrótce /vkroót-tse/ adv. soon

w lewo /v lé-vo/ adv. to the left

w lot /v lot/ adv. in a flash;
quickly

władza /vwá-dza/ f. authority

własność /vwaś-nośhch/ f. property; characteristic feature

własny /vwaś-ni/ adj. m. own

właściciel /vwaśh-cheé-chel/ m.
proprietor; holder

właściwy /vwaśh-cheé-vi/ adj. m.
proper; right; suitable

właśnie /vwaśh-ňe/ adv. exactly;
just so; precisely; very

włożyć /vwó-zhich/ v. put in/on/

wnętrze /vnáň-tzhe/ n. interior

wniosek /vńó-sek/ m. conclusion; proposition; suggestion

wnuczka /vnoó-chka/ f. grand-daughter

wnuk /vnook/ m. grandson

wobec /vó-bets/ prep. in the face of; before; towards

woda /vó-da/ f. water; froth

wodór /vó-door/ m. hydrogen

w ogóle /v o-goó-le/ adv. generally; on the whole

województwo /vo-ye-voódz-tvo/ n. province; voivodeship

wojna /voý-na/ f. war; warfare

wojsko/ voý-sko/ n. army; troops

wojskowy /voy-skó-vi/ adj .m. military; army

wokoło /vo-kó-wo/ adv. round; all around

woleć /vó-lech/ v. prefer

wolno /vól-no/ adv. slowly

wolność /vól-noshch/ f. liberty; freedom; independence

wolny /vól-ni/ adj. m. free

wołać /vó-wach/ v. call; cry

wołowina /vo-wo-vée-na/ f. beef

worek /vó-rek/ m. bag; sack

woźny /vóźh-ni/ m. janitor;
 usher; office messenger

wódka /voót-ka/ f. vodka

wódz /voots/ m. commander; chief

wówczas /voóv-chas/ adv. then;
 that time; at the time

wóz /voos/ m. car; cart; wagon

wpierw /vpyerv/ adv. first

wpłacać /vpwa-tsach/ v. pay in

wpływowy /vpwi-vó-vi/ adj. m.
 influential

w pobliżu /v po-bleé-zhoo/ adv.
 near; in the vicinity; close by

w poprzek /v pó-pzhek/ prep.
 adv. across; crosswise

wprawdzie /vpráv-dźhe/ adv. in
 truth; to be sure; indeed

w prawo /v prá-vo/ adv. to the
 right

wprost /vprost/ adv. directly;
 straight ahead; outright

wprowadzać /vpro-vá-dzać/ v.
usher; introduce; lead in; put
in

wprzód /vpshoot/ adv. ahead; before; first; in the first place

wracać /vrá-tsać/ v. return

wrażenie /vra-zhé-ñe/ n. im-
pression

wreszcie /vrésh-će/ adv. at
last; finally; after all

wróg /vrook/ m. foe; enemy

wrzesień /vzhé-śheň/ m.
September

wschód słońca /vskhoot swóń-
tsa/ m. sunrise

wsiadać /vśha-dać/ v. get in;
mount; get on board; take seat

wskazówka /vska-zóov-ka/ f. hint;
direction; /clock/ hand

wskutek /vskóo-tek/ prep. as
aresult; due to; thanks to

wspaniały /vspa-ñá-wi/ adj. m.
superb; glorious; grand

wspominać /vspo-mée-nać/ v.
remember; recall

współczesny /vspoow-chés-ni/ adj.
m. contemporary; modern

współczucie /vspoow-chóo-čhe/ n.
sympathy; compassion

wstawać /vstá-vačh/ v. get up

wstecz /vstech/ adv. backwards

wstęp /vstãñp/ m. entrance;
admission; preface; opening

wstrzymać /vstzhí-mačh/ v. stop;
abstain; put off; hold back

wstyd /vstit/ m. shame; disgrace

wszechświat /vshékh-śhvyat/ m.
universe; cosmos

wszelki /vshél-kee/ adj. m.
every; all; any; whatever

wszędzie /vshãñ-džhe/ adv.
everywhere; on all sides

wszystko /vshíst-ko/ n. all;
everything

wtedy /vté-di/ adv. then

wtem /vtem/ adv. suddenly

wtorek /vtó-rek/ m. Tuesday

w tył /v tiw/ adv. back

wuj /vooy/ m. uncle

wy /vi/ pron. you; you people

wybierać /vi-byé-rach/ v. choose;
elect; select; pick out; mine

wybierać się /vi-byé-rach śhãn/
v. set out; be about to go

wyborny /vi-bór-ni/ adj. m.
excellent; prime; choice

wybór /ví-boor/ m. choice; option

wybrzeże /vi-bzhé-zhe/ n. coast;
beach; sea-shore; sea-coast

wybuch /ví-bookh/ m. explosion;
eruption; outbreak; outburst

wychodzić /vi-khó-dżheech/ v.
get out; walk out; climb

wychowanie /vi-kho-vá-ńe/ n.
upbringing; manners; education

wychwalać /vi-khvá-lach/ v.
praise; exalt; extol

wyciągać /vi-chõwn-gach/ v. pull
out; stretch out; derive

wycieczka /vi-chéch-ka/ f. trip;
excursion; outing

wycierać /vi-ché-rach/ v. wipe;
erase; efface; dust; wear out

wyciskać /vi-chées-kach/ v.
squeeze out; impress; wring

wydarzenie /vi-da-zhé-ñe/ n.
 event; happening
wydatek /vi-dá-tek/ m. expense
wydawać /vi-dá-vaćh/ v. spend;
 give the change; publish
wydawać się /vi-dá-vaćh śhãñ/
 v. seem; appear
wydech /ví-dekh/ m. exhalation
wydział /vi-dżhaw/ m. department
wygląd /víg-lõ̃wnt/ m. appearance; aspect; air
wyglądać /vig-lõ̃wn-daćh/ v.
 look out; appear
wygoda /vi-gó-da/ f. comfort
wygrać /ví-graćh/ v. win; score
wyjaśnić /vi-yáśh-ñeećh/ v.
 explain; clear up
wyjazd /ví-yazd/ m. departure
wyjątek /vi-yõ̃wn-tek/ m.
 exception; excerpt; extract
wyjeżdzać /vi-yéźh-dzhaćh/ v.
 leave; drive away; set out
wyjście /viyśh-ćhe/ n. exit
wykład /ví-kwat/ m. lecture
wykonać /vi-kó-naćh/ v. execute;
 do; fulfil; carry out; perform

wykorzystać /vi-ko-zhís-tačh/
v. take advantage; exploit

wyleczyć /vi-lé-chičh/ v. cure

wyliczać /vi-lée-chačh/ v.
count up; count out; recite

wyładować /vi-wa-dó-vačh/ v.
unload; discharge; cram

wymawiać /vi-má-vyačh/ v.
pronounce; reproach; cancel

wymiana /vi-myá-na/ f. exchange

wymieniać /vi-myé-ňačh/ v.
exchange; convert; replace

wymiotować /vi-myo-tó-vačh/ v.
vomit; be sick

wymowa /vi-mó-va/ f. pronun-
ciation; significance

wymówka /vi-móo-vka/ f. reproach; pretext; excuse; put-off

wymyślać /vi-mísh-lačh/ v. think
up; call names; invent; abuse

wynajmować /vi-nay-mó-vačh/ v.
hire; rent

wynalazek /vi-na-lá-zek/ m.
invention; device

wynik /ví-ňeek/ m. result

wyobraźnia /vi-o-bráżh-ňa/ f.
imagination; fancy

wypada /vi-pá-da/ v. it is proper; it is becoming

wypadek /vi-pá-dek/ m. accident;
case; event; chance

wypełniać /vi-péw-ňach/ v. fulfil; fill up; while away

wypijać /vi-pée-yach/ v. drink
/empty/; drink up; drink off

wypłata /vi-pwá-ta/ f. pay /day/

wypoczynek /vi-po-chí-nek/ m.
rest

wypowiadać /vi-po-vyá-dach/ v.
pronounce; declare; express

wyprać /ví-prach/ v. wash out;
launder

wyprawa /vi-prá-va/ f.
expedition; outfit; tanning

wyprowadzać się /vi-pro-vá-dzach
shāń/ v. move out

wyprzedaż /vi-pzhé-dash/ f.
/clearance/ sale

wyrabiać /vi-rá-byach/ v. make;
form; play pranks

wyraz /vi-ras/ m. word; expression; look; term

wyraźny /vi-ráżh-ni/ adj. m. explicit; clear; distinct

wyrażać /vi-rá-zhać/ v. express

wyrażenie /vi-ra-zhé-ňe/ n. expression; utterance; phrase

wyrok /ví-rok/ m. sentence; verdict; judgment

wyrób /ví-roop/ m. manufacture; product

wyruszyć /vi-róo-shich/ v. start out; set out

wyrzucać /vi-zhóo-tsać/ v. expel; throw out; dump; reproach

wysiadać /vi-śhá-dać/ v. get out /from car etc./; go bust

wyskoczyć /vi-skó-chich/ v. jump out; pop up; run out

wyskrobać /vi-skró-bać/ v. scratch out; erase

wysłać /ví-swać/ v. send off; dispatch; emit; let fly

wysoki /vi-só-kee/ m. tall; high; soaring; lofty

wysokość /vi-só-koshch/ f.
  height; altitude; level; extent
wyspa /vís-pa/ f. island; isle
wystarczyć /vi-stár-chich/ v.
  suffice; do enough
wystawa /vi-stá-va/ f. exhibi-
  tion; display /window dressing/
wystawiać /vi-stá-vyach/ v. put
  out; sign /check/; exhibit
występ /ví-stãp/ m. pro-
  trusion; /stage/ appearance
wysuwać /vi-sóo-vach/ v. shove
  forward; protrude; put out
wytłumaczyć /vi-twoo-má-chich/
  v. explain; excuse; justify
wytrwały /vi-trvá-wi/ adj. m.
  enduring; persevering; dogged
wytrzymać /vi-tzhí-mach/ v.
  endure; stand; hold out; keep
wywiad /ví-vyat/ m. interview;
  reconnaissance; intelligence
wywierać /vi-vyé-rach/ v. exert;
wywóz /ví-voos/ m. export; re-
  moval
wyzdrowieć /vi-zdró-vyech/ v.
  recover; get well

wyzysk /ví-zisk/ m. exploit-
ation

wyżej /ví-zhey/ adv. higher;
above; mentioned above

wyższość /vízh-shoshćh/ f.
superiority; excellence

wyżyna /vi-zhí-na/ f. high
ground; upland; highland

wyżywienie /vi-zhi-vyé-ńe/ n.
food; board; subsistence

wzajemny /vza-yém-ni/ adj. m.
mutual; reciprocal

w zamian /v zá-myan/ adv. in
exchange; instead

wzbudzać /vzbóo-dzać/ v. excite; inspire; arouse; stir

wzdłuż /vzdwoosh/ prep. along

względny /vzglánd-ni/ adj. m.
relative; indulgent; kind

wzgórze /vzgóo-zhe/ n. hill

wziąć /vżhoẃnć̃h/ v. take;
possess

wzmacniać /vzmáts-ńać/ v. re-
inforce; brace up; fortify

wznowić /vznó-veećh/ v. renew

wzór /vzoor/ m. pattern; model;
 formula; fashion; standard

wzrok /vzrok/ m. sight; vision

wzrost /vzrost/ m. growth; size;
 height; increase; rise

wzruszać /vzroo-shach/ v. move;
 touch; affect; thrill; stir

wzywać /vzí-vach/ v. call; call
 in; summon; cite; ask in

z /z/ prep. with; off; together

ze /ze/ prep. with; off; together

za /za/ prep. behind; for; at;
 by; beyond; over

zabawić się /za-bá-veech shän/
 v. enjoy oneself; have a good
 time

zabawka /za-báv-ka/ f. toy; trifle

zabezpieczyć /za-bez-pyé-chich/
 v. safeguard; secure; protect

zabić /zá-beech/ v. kill; slay;
 plug up; nail down; beat /card/

zabierać /za-byé-rach/ v. take
 away; take along; take on /up/

zabłądzić /za-bwown-dźheech/ v.
 go astray; get lost; stray

zabytek /za-bí-tek/ m. relic;
monument

zachodzić /za-khó-dżheech/ v.
call on; occur; arise; become

zachodni /za-khód-ñee/ adj. m.
western; westerly

zachorować /za-kho-ró-vach/ v.
get sick; fall ill

zachowanie /za-kho-vá-ñe/ n.
behavior; maintainance

zachód /zá-khoot/ m. west;
sunset; pains; trouble

zachwycać się /za-khví-tsach
shãn/ v. be fascinated; admire

zaciekawić /za-che-ká-veech/ v.
interest; puzzle; intrigue

zacofany /za-tso-fá-ni/ adj. m.
backward

zacząć /zá-chõwnch/ v. start;
begin; go ahead; fire away

zacząć się /zá-chõwnch shãn/ v.
begin; start a performance etc.

zaczekać /za-ché-kach/ v. wait
/for something/

zaczynać /za-chí-nach/ v. start;
begin; cut new loaf etc.

zadać /zá-dach/ v. give; put;
deal; associate; treat with

zadanie /za-dá-ňe/ n. task;
charge; assignment; problem

zadowolić /za-do-vó-leeh/ v.
satisfy; gratify; please

zadowolony /za-do-vo-ló-ni/ adj.
m. satisfied; content

zadzwonić /za-dzvó-ňeech/ v.
ring; ring up; ring for; make
a telephone call

zagadka /za-gád-ka/ f. puzzle;
riddle; crux; problem

zagadnienie /za-gad-ňé-ňe/ n.
problem; question

zagłębić /za-gwáň-beech/ v.
plunge; sink; dip

zagniewany /za-gňe-vá-ni/ adj.
m. angry; cross; sore

zagotować /za-go-tó-vach/ v.
boil; start boiling; flare up

zagranica /za-gra-ňéé-tsa/ f.
foreign countries

zagraniczny /za-gra-ňéech-ni/
adj. m. foreign

zahamować /za-kha-mó-vach/ v.
restrain; put brakes on
zaimek /za-eé-mek/ m. pronoun
zainteresowanie /za-een-te-re-
so-vá-ńe/ n. interest
zając /zá-yównts/ m. hare
zajęcie /za-yáń-che/ v. occupa-
tion; work; trade; interest
zajmować /zay-mó-vach/ v.occupy
zakaz /zá-kas/ m. prohibition
zakąska /za-kówns-ka/ f. snack
zakład /zá-kwat/ m. plant; shop;
institute; bet; wager; fold
zakładać /za-kwá-dach/ v.
found; initiate; put on; lay
zakochać się /za-kó-khach śhań/
v. fall in love
zakończenie /za-koń-ché-ńe/ n.
end; ending
zakres /zá-kres/ m. range; scope;
domain; sphere
zakręcić /za-kráń-cheech/ v.
turn; twist; turn off; curl
zakręt /zá-krānt/ m. curve;
bend turn

zakryć /zá-krich/ v. cover; hide

zakup /zá-koop/ m. purchase

zaledwie /za-léd-vye/ adv. barely; scarcely; merely; but

zaległy /za-lég-wi/ adj. m. unpaid; overdue

zależeć /za-lé-zhech/ v. depend

zaliczać /za-leé-chach/ v. include; count in; credit

zaliczka /za-leéch-ka/ f. earnest money; down payment; installment

zaludnienie /za-lood-ñé-ñe/ n. population

załatwiać /za-wát-vyach/ v. settle; transact; deal; dispose

załatwienie /za-wat-vyé-ñe/ n. settlement; arrangement

załoga /za-wó-ga/ f. crew; garrison; staff; personnel

zamawiać /za-má-vyach/ v. reserve; order; book; engage

zamek /zá-mek/ m. lock; castle

zamek błyskawiczny /zá-mek bwis-ka-veéch-ni/ m. zipper

zamiana /za-myá-na/ f. exchange

zamiar /zá-myar/ m. purpose

zamiast /zá-myast/ prep.
instead of

zamienić /za-myé-neeċh/ v.
change; convert; replace

zamieszkać /za-myésh-kaċh/ v.
take up residence; put up; live

zamieszkiwać /za-myesh-keé-vaċh/
v. inhabit; reside permanently

zaknąć /zám-knõwnċh/ v. close;
shut; lock; wind up; fence in

zamówić /za-moó-veeċh/ v. order;
reserve; commission

zamówienie /za-moo-vyé-ňe/ n.
order; commission

zanieść /zá-ňeshċh/ v. carry to
a destination

zanim /zá-ňeem/ conj. before;
prior to

zaopatrzyć /za-o-pá-tzhiċh/ v.
provide; equip; supply

zaoszczędzić /za-osh-chãń-
dżheeċh/ v. save; spare

zapach /zá-pakh/ m. smell; aroma
fragrance; scent; stench

zapakować /za-pa-kó-vaćh/ v.
pack up; stow away; pack off

zapalić /za-pá-leećh/ v. switch
on light; set fire; animate

zapalniczka /za-pal-ňeéch-ka/
f. /cigarette/ lighter

zapałka /za-páw-ka/ f. match

zapamiętać /za-pa-myãń-taćh/ v.
remember; memorize

zapas /zá-pas/ m. stock; store;
reserve; supply

zapełnić /za-péw-ňeećh/ v. fill
up; stop a gap

zapewnić /za-pév-ňeećh/ v.
assure; guarantee

zapiąć /zá-pyõwnćh/ v. button
up; fasten

zapisać /za-peé-saćh/ v. write
down; prescribe; record; enroll

zapisek /za-peé-sek/ m. note

zaplanować /za-pla-nó-vaćh/ v.
make plans for; plan

zapłacić /za-pwá-ćheećh/ v. pay

zapominać /za-po-meé-naćh/ v.
forget; neglect; unlearn

za pomocą /za po-mó-tsówn/ adv.
 by means; with help

zapotrzebowanie /za-po-tzhe-bo-
 vá-ñe/ n. /demand/ requisition

zapoznać /za-póz-nach/ v. ac-
 quaint; introduce; instruct

zapraszać /za-prá-shach/ v.
 invite

zaproszenie /za-pro-shé-ñe/ n.
 invitation

zapuszczać /za-poósh-chach/ v.
 let in /dye/; grow /hair/;
 neglect; let down; start up

zapytywać /za-pi-tí-vach/ v.ask

zarabiać /za-rá-byach/ v. earn

zaraz /zá-ras/ adv. at once;
 directly; right away; soon

zaraza /za-rá-za/ f. infection;
 plague; epidemic

zarazem /za-rá-zem/ adv. at the
 same time; as well; also

zarobek /za-ró-bek/ m. gain;
 earnings; wages

zarost /zá-rost/ m.beard; hair

zarośla /za-róśh-la/ pl. thicket

zarówno /za-roóv-no/ adv. equally; as well; alike

zarząd /zá-zhőwnd/ m. management; administration

zarzut /zá-zhoot/ m. accusation; objection; reproach

zasada /za-sá-da/ f. principle

zaskoczyć /za-skó-chich/ v. surprise; attack unawares; click

zasłonić /za-swó-ňeech/ v. curtain; shade; shield

zasługiwać /za-swoo-geé-vach/ v. deserve; be worthy

zasnąć /zá-snőwnch/ v. fall asleep; sleep

zaspać /zás-pach/ v. oversleep

zastać /zá-stach/ v. find somebody at home

zastanowić się /za-sta-nó-veech śhấn/ v. reflect; puzzle

zastępca /za-stấńp-tsa/ adj. m. proxy; substitute; deputy

zastosować /za-sto-só-vach/ v. adopt; apply; employ

zastosować się /za-sto-só-vach śhấn/ v. comply; toe the line

zastrzyk /zá-stzhik/ m.
 injection; shot
zaszczyt /zásh-chit/ m. honor;
 distinction; privilege
zaszkodzić /za-shkó-dżheećh/ v.
 harm; hurt; damage
zaszyć /zá-shich/ v. sew up
zaśmiecić /za-shmyé-ćheećh/ v.
 litter; clutter up
zaświadczenie /za-śhvyat-ché-
 ńe/ n. certificate; affidavit
zatarg /zá-tark/ m. conflict
zatoka /za-tó-ka/ f. bay; gulf
zatrucie /za-troó-ćhe/ n. poison-
 ing; intoxication
zatruć /zá-trooćh/ v. poison
zatrudniać /za-troó-dńaćh/ v.
 employ; engage
zatrzask /zá-tzhask/ m. /door/
 latch; /snap/ fastener lock
zatrzymać /za-tzhí-maćh/ v. stop;
 retain; detain; arrest; hold
zatwierdzać /za-tvyér-dzaćh/ v.
 approve; confirm; ratify
zawartość /za-vár-tośhćh/ f.
 contents; subject

zawdzięczać /za-vdzhän-chach/ v.
owe /gratitude/; be indebted

zawiadomienie /za-vya-do-myé-
ňe/ n. notification; information

zawiązać /za-vyõẃn-zach/ v.
tie up; bind; set up

zawijać /za-veé-yach/ v. wrap
up; tuck in; put in at a port

zawinić /za-veé-ňeech/ v. be
guilty; commit an offense

zawodnik /za-vód-ňeek/ m. competitor /in sport/; contestant

zawołać /za-vó-wach/ v. call
out; shout; cry out; summon

zawód /zá-voot/ m. profession;
disappointment; deception

zawsze /záv-she/ adv. always;
evermore; /for/ever; at all
times

zazdrość /záz-droshch/ f. envy

zaziębić się /za-zhän-beech
shan/ v. catch a cold

zażalenie /za-zha-lé-ňe/ n.
complaint; grievance

ząb /zownp/ m. tooth; fang;
prong; cog

zbadać /zbá-dach/ v. investigate;
 examine; probe into
zbieg okoliczności /zbyek o-ko-
 leech-nóśh-ćhee/ m. coincidence
zbierać /zbyé-rach/ v. gather;
 pick; summon; clear; take in
z bliska /z bleés-ka/ adv. from
 near; close up
zbliżyć się /zbleé-zhich śhãñ/
 v. approach; become close
zboże /zbó-zhe/ n. corn; grain
zbrodnia /zbró-dña/ f. crime
zbroić /zbró-eech/ v. arm
zbyt wiele /zbit vyé-le/ adv.
 too much; excessively
z czasem /z chá-sem/ adv.
 with time; eventually
z daleka /z da-lé-ka/ adv.
 from far; from afar; away
zdanie /zdá-ñe/ n. opinion;
 judgment; sentence; proposition
zdarzać się /zdá-zhach śhãñ/ v.
 happen; take place; occur
zdarzenie /zda-zhé-ñe/ n. happening; event; incident

zdawać /zdá-vaćh/ v. entrust;
  submit
zdawać się /zdá-vaćh śhã̃/ v.
  seem; surrender; rely
z dawna /z dáv-na/ adv. since
  a long time
zdążyć /zdówn-zhićh/ v. come
  on time; keep pace; tend
zdecydować się /zde-tsi-dó-vaćh
  śhã̃/ v. decide; determine
zdenerwować się /zde-ner-vó-
  vaćh śhã̃/ v. get upset
zdenerwowany /zde-ner-vo-vá-ni/
  adj. m. nervous; excited
zdjąć /zdyõ̃wnćh/ v. take off;
  take a photo of
zdolny /zdó-lni/ adj. m. clever;
  able; capable; fit
zdrada /zdrá-da/ f. treason
zdrowie /zdró-vye/ n. health
zdrowotne jedzenie /zdro-vót-ne
  ye-dzé-ñe/ n. health food
zdrowy /zdró-vi/ adj. m.
  healthy; sound; mighty
zdrzemnąć się /zdzhém-nõ̃wnćh
  śhã̃/ v. doze off; sleep ;nap

zdumienie /zdoo-myé-ňe/ n.
astonishment; amazement

zdziwienie /zdżhee-vyé-ňe/ n.
surprise; wonderment

zebranie /ze-brá-ňe/ n. meeting

zegar /zé-gar/ m. clock

zegarek /ze-gá-rek/ m. watch

zejść /zeyśhćh/ v. descent; get
down

zejść się /zeyśhćh śhãn/ v.
meet; rendez vous

zepsuć /zép-sooćh/ v. damage;
spoil; worsen; pervert

zepsuć się /zép-sooćh śhãn/ v.
go bad; go wrong; break down

zepsuty /zep-soó-ti/ adj. m.
damaged; spoiled; corrupt

zestarzeć się /ze-stá-zhećh
shan/ v. grow old; age; stale

zeszyt /zé-shit/ m. notebook

zewnątrz /zév-nõ̃wntsh/ adv.prep.
out; outside; outwards

zez /zez/ m. squint

zęby /zåň-bi/ pl. teeth

zgadzać się /zgá-dzaćh śhãn/ v.
agree; fit in; see eye-to-eye

zgaga /zgá-ga/ f. heartburn

zgasić /zgá-śheećh/ v. put out; extinguish; switch off; dim

zginać /zgeé-nach/ v. bend /over/; fold; stoop; bow

zginąć /zgeé-nównch/ v. perish; die; get lost

zgłosić /zgwó-śheećh/ v. notify

zgłoska /zgwó-ska/ f. syllable

zgniły /zgńeé-wi/ adj. m. rotten

zgoda /zgó-da/ f. concord; consent; unity; approval

zgodny /zgód-ni/ adj. m. compatible; good-natured

zgon /zgon/ m. death; decease

z góry /z goó-ri/ adv. in advance

zgrabny /zgráb-ni/ adj. m. skill- ful; clever; deft; smart; neat

zgromadzenie /zgro-ma-dzé-ňe/ n. assembly; congress; meeting

zgubić /zgoó-beech/ v. lose

zgubiony /zgoo-byó-ňi/ adj. m. lost

ziarno /żhár-no/ n. grain; corn

zielony /żhe-ló-ni/ adj.m.green

ziemniak /żhám-ñak/ m. potato

ziewać /żhé-vach/ v. yawn; gape

zięć /żhańch/ m. son-in-law

zima /żhée-ma/ f. winter

zimny /żhéem-ni/ adj. m. cold

zjawić się /zyá-veech śháñ/ v.
appear; make one's appearance

zjazd /zyazt/ m. meeting; co-
ming; descent; downhill drive

zjeść /zyeśhch/ v. eat up

zlecenie /zle-tsé-ñe/ n. commission; order; errand; message

z lekka /z lék-ka/ adv. lightly;
softly; slightly; gently

zlew /zlef/ m. sink

złamać /zwá-mach/ v. break;smash

zło /zwo/ n. evil; devil; harm

złodziej /zwó-dżhey/ m. thief

złość /zwośhch/ f. anger; malice

złoto /zwó-to/ n. gold

złoty /zwó-ti/ adj. m. golden;
Polish money unit

złożyć /zwó-żhich/ v. deposit

zły /zwi/ adj. m. bad; evil; ill;
vicious;cross; poor; rotten

zmarły /zmár-wi/ adj. m.
 deceased; dead; defunct
zmarszczka /zmárshch-ka/ f.
 wrinkle; crease; fold
zmartwienie /zmar-tvyé-ñe/ n.
 worry; sorrow; grief; trouble
zmartwiony /zmar-tvyó-ni/ adj. m.
 sad; sorrowful
zmienić /zmyé-ñeeċh/ v. change;
 alter; vary
zmrok /zmrok/ m. dusk; twilight
zmuszać /zmoó-shaċh/ v. coerce;
 compel; force; oblige
zmysł /zmisw/ m. sense; in-
 stict
zmywanie /zmi-vá-ñe/ n.washing
 up; washing /dishes etc./
znaczek /zná-chek/ m. sign;
 postal stamp; badge
znaczyć /zná-chiċh/ v. mean;
 signify; imply; denote; matter
znać /znaċh/ v. know; show
znajdować /znay-dó-vaċh/ v.
 find; see; meet; experience
znajomy /zna-yó-mi/ adj. m.
 acquaintance; familiar

znak /znak/ m. mark; sign; stamp

znany /zná-ni/ adj. m. noted;
 known; famed; familiar

znaleźć /zná-leżhćh/ v. find
 /something/

znienacka /zňe-náts-ka/ adv.
 all of a sudden; unawares

znikać /zňeé-kaćh/ v. vanish

znikąd /zňeé-ków̃nt/ adv. from
 nowhere; out of nowhere

zniszczyć /zňeésh-chićh/ v.
 destroy; ruin; wear out

znosić /znó-śheećh/ v. annul;
 endure; carry down; ware out

znowu /znó-voo/ adv. again; anew

zobaczyć /zo-bá-chićh/ v. see

zobowiązać /zo-bo-vyów̃n-zaćh/
 v. oblige; obligate

zogniskować /zo-gňee-skó-vaćh/
 v. focus; concentrate

zostać /zós-taćh/ v. remain;
 stay; become; get to be; be left

zostawiać /zos-tá-vyaćh/ v.
 leave; abandon; put aside

z powodu /z po-vó-doo/ prep.
 because of; owing to

z powrotem /z po-vró-tem/ adv.
 back; backwards

zranić /zrá-ńeećh/ v. wound;
 injure; hurt

zresztą /zrésh-tõwn/ adv. moreover; besides; after all;though

zręczny /zráńćh-ni/ adj. m.
 clever; skillful

zrobić /zró-beećh/ v. make; do;
 turn; execute; perform

zrozumieć /zro-zóó-myećh/ v.
 understand; grasp; see; make out

zrównać /zróóv-naćh/ v. level;
 make even; align; equalize

zrywać /zrí-vaćh/ v. rip; tear
 off; tear down; pick; quarrel

z rzadka /z żhád-ka/ adv. rarely

zszyć /zshićh/ v. sew together

zupa /zoó-pa/ f. soup

zupełny /zoo-péw-ni/ adj. m.
 entire; whole; total; complete

zużyty /zoo-żhí-ti/ adj. m. worn
 out; used up; wasted; trite

zwarcie /zvár-ćhe/ n. short
 /circuit/; contraction

związać /zvyówn-zaćh/ v. bind;
 fasten; join; tie
związek /zvyówn-zek/ m. alliance;
 connection; bond; compound; tie
zwiedzać /zvyé-dzaćh/ v. visit;
 see the sights; tour; see
zwierzchnik /zvyézh-khňeek/ m.
 boss; superior; chief; lord
zwierzę /zvyé-zhäň/ n. animal
zwlekać /zvlé-kaćh/ v. delay
zwłaszcza /zvwásh-cha/ adv.
 particularly; especially
zwłoki /zvwó-kee/ pl. corpse
zwolnienie /zvol-ňé-ňe/ n.
 dismissal; release; slowing
zwracać /zvrá-tsaćh/ v. return;
 give back; pay /attention/
zwracać się /zvrá-tsaćh śhäň/
 v.address
zwrot /zvrot/ m. turn; phrase;
 restitution; revulsion
zwycięstwo /zvi-chäňs-tvo/ n.
 victory; triumph
zwyczaj /zví-chay/ m. custom;
 habit; fashion; usage; practice

zwyczajny /zvi-cháy-ni/ adj. m.
 usual; ordinary; common; simple
zwykle /zví-kle/ adv. usually
zysk /zisk/ m. gain; profit
zyskać /zís-kaćh/ v. gain
zza /z-za/ prep. from behind
źle /żhle/ adj. n., adv. ill;
 wrong; badly; falsely
źrenica /żhre-ñée-tsa/ f. pupil
źródło /żhróod-wo/ n. spring;
 well; source; fountain head
żaden /zhá-den/ pron. none;
 neither; not any; no one
żagiel /zhá-ǵel/ m. sail
żakiet /zhá-ķet/ m. jacket
żal /zhal/ m. regret; grief
żałoba /zha-wó-ba/ f. mourning
żałować /zha-wó-vaćh/ v. regret
żart /zhart/ m. joke; jest; quip
żartować /zhar-tó-vaćh/ v. joke;
 make fun; poke fun; trifle
żądać /zhóẃn-daćh/ v. demand;
 require; exact; stipulate
że /zhe/ conj. that; then; as
żeby /zhé-bi/ conj. so as; in
 order that; if; may; if only

żeglarz /zhé-glash/ m. seaman;
sailor; mariner; seafarer

żegnać /zhég-naćh/ v. bid farewell; bless

żelazko /zhe-láz-ko/ n. press-
iron; cutting iron; edger

żelazo /zhe-lá-zo/ n. iron

żenić się /zhé-ńeećh śhãn/ v.
marry /a girl/

żeński /zheń-skee/ adj. m. female

żmija /zhmeé-ya/ f. viper;
adder; poisonous snake

żołądek /zho-wõwn-dek/ m.
stomach

żołnierz /zhów-ńesh/ m. soldier

żona /zhó-na/ f. wife

żonaty /zho-ná-ti/ adj. m.
married; family man

żółty /zhów-ti/ adj. m. yellow

żwawo /zhvá-vo/ adv. briskly;
alertly; apace

życie /zhí-ćhe/ n. life; pep;
upkeep

życiorys /zhi-ćhó-ris/ m. bio-
graphy; life history

życiowy /zhi-chó-vi/ adj. m.
 vital; of life
życzenie /zhi-ché-ńe/ n. wish;
 desire; request
życzliwy /zhich-leé-vi/ adj. m.
 favourable; friendly; kindly
życzyć /zhí-chich/ v. wish
 /someone something/
żyć /zhich/ v. be alive; live;
 exist; subsist; get along
żyła /zhí-wa/ f. vein; seam
żyrować /zhi-ró-vach/ v. endorse
żyto /zhí-to/ n. rye
żywić /zhí-veech/ v. feed;
 nourish; cherish; feel
żywność /zhív-nośhch/ f. food;
 provisions; eatables; fodder
żywo /zhí-vo/ adv. quickly;
 briskly; exp. make it snappy!
żywy /zhí-vi/ adj. m. alive;
 lively; vivid; gay; brisk
żyzny /zhiź-ni/ adj.m.
fertile; fruitful; rich; fat;
generous

ENGLISH-POLISH

a /ej/ art. jeden; pewien

ability /e'bylyty/ s. zdolność

able /'ejbl/ adj. zdolny

aboard /e'bo:rd/ adv. na pokładzie

about /e'baut/ prep. o; przy; odnośnie

above /e'baw/ prep. nad; ponad; adj. powyższy

abroad /e'bro:d/ adv. za granicą; zewnątrz

absence /'aebsens/ s. brak; nieobecność

absent /'aebsent/ adj. nieobecny

absolutely /'aebselu:tly/ adv. absolutnie

accept /ek'sept/ v. zgadzać się; zaakceptować

accident /'aeksydent/ s. traf; wypadek

accord /e'ko:rd/ s. zgoda; v. uzgadniać; dać

according /e'ko:rdyng/ prep. według; zgodnie

accordingly /e'kɔ:rdyngly/ adv.
 odpowiednio; więc; zatem

account /e'kaunt/ s. rachunek;
 sprawozdanie; v. wyliczać

accuse /e'kju:z/ v. oskarżać

accustom /e'kastem/ v. przyzwyczajać

ache /ejk/ s. ból; v. boleć

across /e'krɔs/ adv. w poprzek;
 na krzyż; prep. przez; na prze-
 łaj; po drugiej stronie

act /aekt/ v. czynić; działać;
 postępować; s. akt; uczynek

action /'aekszyn/ s. działanie;
 czyn; akcja

active /'aektyw/adj. czynny;
 obrotny; rzutki

activity /aek'tywyty/ s. dzia-
 łalność; czynność

actor /'aekter/ s. aktor

actual /'aekczuel/ adj. istotny;
 faktyczny; bieżący; obecny

actually /'aekczuely/ adv. rzeczywiście; obecnie

add /aed/ v. dodać; doliczyć

address /e'dres/ s. adres;
mowa; odezwa; v. zwracać się;
adresować

admiration /aedmy'rejszyn/ s.
podziw

admire /ed'majer/ v. podziwiać

admission /ed'myszyn/ s. wstęp;
dostęp; przyznanie; uznanie

admit /ed'myt/ v. wpuszczać;
uznać; przyjmować; przyznać

adopt /e'dopt/ adoptować; przyjmować

advance /ed'waens/ v. iść naprzód; awansować adj. wysunię-
ty; wcześniejszy

advantage /ed'waentydż/ s. korzyść; pożytek; przewaga

adventure /ed'wenczer/ s. przygoda

advertise /'aedwertajz/ v.
ogłaszać; reklamować

advice /ed'wajs/ s. rada

advise /ed'wajz/ v. radzić; po-
wiadamiać

aeroplane /'eereplejn/s.samolot

affair /e'feer/ s. sprawa; interes; romans; zdarzenie

affidavit /aef'ydejwyt/ s. poręczenie pod przysięgą

afford /e'fo:rd/ v. zdobyć się; dostarczyć; stać na coś

afraid /e'frejd/ adj. przestraszony; niespokojny

after /'a:fte:r/ prep. po; za; odnośnie; według

after all /'a:fte: o:l/ prep. jednak; przecież; mimo wszystko

afternoon /'a:fte:rnu:n/ s. popołudnie; adj. popołudniowy

afterwards /'afte łerdz/ adv. później; potem

again /e'gen/ adv. ponownie; znowu

against /e'genst/ prep. przeciw; wbrew; na; pod

age /ejdż/ s. wiek; epoka

agent /'ejdżent/ s. pośrednik; ajent; czynnik

ago /e'gou/ adv. przed;...temu

agony /'aegeny/ s. śmiertelna męka; agonia

agree /e'gri:/ v. godzić się;
zgadzać się; uzgadniać

agreement /e'gri:ment/ s. zgoda; umowa

agriculture /,aegry'kalczer/ s.
rolnictwo

ahead /e'hed/ adv. naprzód; dalej; na przedzie

aid /ejd/ s. pomoc; pomocnik;
v. pomagać

aim /ejm/ s. zamiar; cel; v. ce-
lować; mierzyć; zamierzać

air /eer/ s. powietrze; mina;
postawa; v. wietrzyć; obnosić
się; nadawać

airplane /'eerplejn/ s. samolot

airtight /'eertajt/ adj. her-
metyczny

alcohol /'aelkehol/ s. alkohol

alien /'ejljen/ adj. obcy

alike /e'lajk/ adj. jednakowy;
podobny; adv. tak samo; jedna-
ko; podobnie; jednakowo

alive /e'lajw/ adj. żywy; żyjący; ożywiony; żwawy

all /o:l/ adj. and pron. cały;
wszystek; każdy; adv. całkowicie; w pełni

all of us /o:l of as/ my;
wszyscy

all at once /o:l et łans/
wszyscy na raz

all over /o:l,ower/ adv. całkiem;
jeszcze raz; zupełnie

allow /e'lau/ v. pozwalać;
uznawać; uwzględniać

allowance /e'lauens/ s. przydział; pozwolenie

almost /'o:lmoust/ adv. prawie;
niemal

aloft /e'loft/ adv. wysoko;
wgórze; w górę

alone /e'loun/ adj. sam; samotny

along /e'lo:ng/ adv. naprzód;
wzdłuż

alongside /e'lo:ngsajd/ adv.
obok; wzdłuż

aloud /e'laud/ adv. głośno

already /o:l'redy/ adv. już

also /o:lsou/ adv. także

although /o:lzou/ conj. chociaż

altogether /o:lte'gedze:r/ adv.
 zupełnie; całkowicie

always /'o:lłejz/ adv. stale;
 zawsze

am /aem/ v. jestem /I am/

ambition /aem'byszyn/ s.
 ambicja

ambitious /aem'byszes/ adj.
 ambitny

American /e'meryken/ s. Amerykanin; adj. amerykański

among /e'mang/ prep. wśród;
 pomiędzy

amongst /e'mangst/ prep. wśród;
 pomiędzy

amount /e'maunt/ v. wynosić;
 s. suma; kwote; wynik

amuse /e'mju:z/ v. bawić;
 śmieszyć

amusement /e'mju:zment/ s.
 rozrywka

an /aen; en/ art. jeden; jakiś

ancestor /'aensester/ s. przodek

ancient /'ejnszent/ adj. staro-
dawny; stary

and /aend; end/ conj. i

anew /e'nju:/ adv. na nowo

anger /'aenger/ s. gniew; złość

angle /aengl/ s. kąt; narożnik;
kątówka; v. kluczyć

angry /'aengry/ adj. zagniewany

animal /'aenymel/ s. zwierzę;
stworzenie; adj. zwierzęcy

annoy /e'noj/ v. dokuczać;
drażnić; nękać

another /e'nadzer/ adj. and pron.
drugi; inny; jeszcze jeden

answer /'aenser/ s. odpowiedź;
v. odpowiadać

anticipate /aen'tysypejt/ v.
przewidywać; uprzedzać.

antifreeze /'aentyfri:z/ s. mieszanka niemarznąca

anxiety /aeng'zajety/ s. niepokój; troska; pożądanie

anxious /'aenkszes/ adj. zaniepokojony; zabiegający

anybody /'eny,body/ pron. ktoko-
lwiek

anyhow /'enyhau/ adv. jakkolwiek

anything /'enytyng/ pron. coś;
cokolwiek; wszystko

anyway /'enyłej/ adv. w każdym
razie; jakkolwiek

anywhere /'enyhłe:r/ adv. gdziekolwiek

apart /e'pa:rt/ adv. osobno;
niezależnie

apartment /e'pa:rtment/ s.
mieszkanie

apologize /e'poledżajz/ v.
usprawiedliwiać; przepraszać

appear /e'pier/ v. ukazywać
się; zjawiać się

appearance /e'pierens/ s. wygląd; pozór; wystąpienie

applause /e'plo:z/ s. aplauz;
oklaski

apple /aepl/ s. jabłko

application /,aeply'keiszyn/ s.
podanie; użycie; zastosowanie

apply /e'plaj/ v. używać; stosować; odnosić się

appoint /e'point/ v. mianować;
wyznaczać; ustanowić

appointment /e'pointment/ s.
nominacja; oznaczenie czasu
i miejsca; umówione spotkanie

approve /e'pru:w/ v. zatwierdzać; pochwalać

arch /a:rch/ s. łuk; sklepienie;
podbicie; adj. chytry; wierut-
ny; arcy...

archway /'a:rczłej/ s. sklepione
przejście

are /a:r/ v. są

argue /'a:rgju:/ v. rozumować;
spierać się; dowodzić

argument /'a:rgjument/ s. argument; dowód; sprzeczka

arise /e'rajz/ v. powstawać;
wstawać; wynikać

arm /a:rm/ s. ramię; odnoga;
konar; rękaw; poręcz; broń;
v. uzbroić; opancerzyć

armor /'a:rmer/ s. zbroja;
opancerzenie

army /'a:rmy/ s. wojsko; armia

around /e'raund/ prep. dokoła;
naokoło; adv. wokół; tu i tam

arrange /e'rejndż/ v. układać;
szykować

arrangement /e'rejndżment/ s.
układ; ułożenie się; urządzenie; zaaranżowanie

arrest /e'rest/ s. areszt;
aresztowanie; zatrzymanie;
v. aresztować; zatrzymywać

arrival /e'rajwel/ s. przyjazd;
przybysz; rzecz nadeszła

arrive /e'rajw/ v. przybyć;
dojść; osiągnąć

arrow /'aerou/ s. strzała;
strzałka

art /a:rt/ sztuka; chytrość;
zręczność; rzemiosło

article /'a:rtykl/ s. rodzajnik;
artykuł; warunek

artificial /,a:rty'fyszel/ adj.
sztuczny

artist /'a:rtyst/ s. artysta;
artystka

as /aez; ez/ adv, pron, conj.
jak; tak; co; jako; jaki; skoro; żeby; choć; z /dniem/

as well /ez łel/ również

as for /ez fo:r/ co się tyczy

ash /aesz/ s. popiół

ashamed /e'szejmd/ adj.
 zawstydzony

aside /e'sajd/ adv. na stronę;
 na stronie; na boku

ask /a:sk/ v. pytać; prosić

asleep /e'sli:p/ adv.we śnie;
 adj. śpiący

association /e,souszy'ejszyn/ s.
 współpraca; kojarzenie

astonish /es'tonysz/ v.
 zadziwiać; zdumiewać

at /aet; et/ prep. w; na; u;
 przy; pod; z

attack /e'taek/ v. napadać;
 atakować; s. atak; uderzenie

attempt /e'tempt/ v. usiłować;
 robić zamach; próbować
 s. próba; usiłowanie; zamach

attend /e'tend/ v. uczęszczać;
 leczyć; obsługiwać

attention /e'tenszyn/ s. uwaga;
 uprzejmość

attract /e'traekt/ v. przyciągać

attraction /e'traekszyn/ s.
 przyciąganie

attractive /e'traektyw/ adj.
 pociągający

audience /'o:djens/ s.
 publiczność; audiencja

aunt /aent/ s. ciotka; wujenka;
 stryjenka

autumn /'o:tem/ s. jesień

avenue /'aewynju:/ s. bulwar;
 aleja

average /'aewerydż/ adj. przeciętny; średni; s. średnia;
 przeciętna; v. osiągać średnią

avoid /e'wojd/ v. unikać

awake /e'łejk/ v. budzić się;
 adj. czujny; przebudzony

awaken /e'łejkn/ v. budzić

away /e'łej/ adv. precz; z dala

awful /'o:ful/ adj. straszny

ax /aeks/ s. siekiera v. obcinać

baby /'bejby/ s. niemowle

back /baek/ s. tył; grzbiet;
 v. cofać się; adv. do tyłu

bad /baed/ adj. zły; przykry

badly /'baedly/ adv. źle; bardzo

bag /baeg/ s. torba; worek;
 babsztyl; v. pakować; zwędzić

baggage /'baegydż/ s. bagaż

bake /bejk/ v. piec; wypalać

balance /'baelens/ s. waga; równowaga; v. równoważyć; balan-
 sować

ball /bo:l/ s. piłka; pocisk;
 kłębek; bal

band /baend/ s. szajka; kapela;
 taśma; v. wiązać się; przepa-
 sywać opaską

bank /'baenk/ s. łacha; nasyp;
 bank; stół roboczy; rząd; v.
 składać w banku; piętrzyć;
 pochylać; polegać

bar /ba:r/ s. izba adwokacka,
 sądowa; bar; bufet z wyszynkiem;
 barber /'ba:rber/ s. fryzjer
 /męski/

bare /beer/ adj. nagi; goły;
 łysy; v. obnażać

barely /'beerly/ adv. ledwie

bargain /'ba:rgyn/ s. ubicie
targu; dobre kupno; targować
się; spodziewać się

barrel /'baerel/ s. beczka

base /bejs/ n. podstawa; adj.
niski; v. opierać się

basin /'bejsn/ s. miednica;
zbiornik; dorzecze; zagłębie

basis /'bejsys/ pl. podstawy

basket /'ba:skyt/ s. kosz /yk/

bath /ba:s/ s. kąpiel; łazienka

bathe /bejż/ v. kąpać; moczyć

bathing suit /'bejzyng sju:t/
strój kąpielowy

battle /'baetl/ s. bitwa

be; was; been /bi:, łoz; bi:n/
v. być; żyć; trwać; dziać się

beam /bi:m/ s. belka; dźwigar;
promień; radosny uśmiech;
v. promieniować

bean /bi:n/ s. fasola; bób;
ziarnko

bear; bore; borne /beer; bo:r;
bo:rn/ v. dzwigać; ponosić;
znosić; trzymać się; rodzić

beard /bierd/ s. broda /zarost/

beast /bi:st/ s. bestia; bydle

beat; beat; beaten /bi:t; bi:t; bi:tn/ v. bić; bić się; ubijać

beautiful /'bju:teful/ adj. piękny

beauty /'bju:ty/ s. piękność; piękno

because /bi'ko:z/ conj. dlatego; że; gdyż; adv. z powodu

become; became; become /bi'kam; bi'kejm; bi'kam/ v. stawać się; nadawać się

bed /bed/ s. łóżko; grządka

before /by'fo:r/ adv. przedtem; dawniej; z przodu

beg /beg/ v. prosić; żebrać

beggar /'beger/ s. żebrak

begin; began; begun /by'gyn; by'gaen; by'gan/ v. zaczynać

beginning /by'gynyng/ s. początek

behavior /by'hejwjer/ v. postępowanie; zachowanie się

behind /by'hajnd/ adv. w tyle

being /'by:yng/ s. byt; istnie-
nie; istota

belief /by'li:f/ s. wiara;
wierzenie

believe /by'li:w/ v. wierzyć;
sądzić

bell /bel/ s. dzwon; dzwonek

belong /by'long/ v. należeć

below /by'lou/ adv. niżej; w
dole; na dół; pod spodem;
prep. poniżej; pod

belt /belt/ s. pas; pasek;
strefa; v. bić pasem

bend; bent; bent /bend; bent;
bent/ v. giąć; s. zgięcie;
krzywa

beneath /by'ni:s/ prep. pod;
poniżej; pod spodem; na dół

beside /by'sajd/ adv. poza tym;
ponadto; inaczej; prep. obok;
przy; w pobliżu; w porównaniu

besides /by'sajdz/ adv. prócz
tego; poza tym; prep. oprócz
poza

best /best/ adj., adv. najlepszy; najlepiej

better /'beter/ adv. lepiej;
lepszy; v. poprawić; prze-
wyższyć

between /by'tłi:n/prep. między;
adv. pośrodku; tymczasem

beyond /by'jond/ adv., prep.
za; poza;dalej niż; nad; ponad

big /byg/ adj., adv. duży;
wielki; ważny; dużo; wiele

bike /bajk/ s. rower

bill /byl/ s. rachunek; kwit;
afisz; plakat; v. ogłaszać

bind /bajnd/ v. wiązać; zobowiązać; opatrywać; oprawiać

bird /be:rd/ s. ptak

birth /be:rt/ s. urodzenie

bit /byt/ s. wędzidło; ostrze;
wiertło; ząb; odrobina

bite; bit; bitten /bajt; byt;
bitn/ v. gryźć; kąsać; docinać;
s. pokarm; przynęta; ukąszenie

bitter /'byter/ adj. gorzki;
ostry; zły

black /blaek/ adj. czarny; ponury; s. murzyn

blade /blejd/ s. źdźbło; liść;
ostrze

bleed; bled; bled /bli:d; bled;
bled/ v. krwawić

bless /bles/ v. błogosławić

blind /blajnd/ adj. ślepy; v.
oślepić; s. zasłona

block /blok/ s. blok; kloc; zeszyt; przeszkoda; v. tamować
wstrzymywać

blood /blåd/ s. krew

bloody /'blady/ adj. krwawy

blouse /blauz/ s. bluza

blow; blew; blown /blou; blu;
blołn/ v. rozkwitać; dmuchać;
sapać; s. cios; podmuch; wybuch

blow up /blou ap/ v. wybuchać

blue /blu:/ adj. niebieski; smutny; v. farbować na niebiesko

board /bo:rd/ s. deska; władza
naczelna

boast /boust/ v. chwalić się;
s. samochwalstwo

boat /bout/ s. łódź; statek

body /'body/ s. ciało; karoseria; korpus

boil /bojl/ v. wrzeć; kipieć;
 gotować; s. wrzenie; czyrak
bold /bould/ adj. śmiały; zuchwały; zauważalny
boldly /bouldly/ adv. śmiało;
 zuchwale
bone /boun/ s. kość; v. wkuwać
 się
book /buk/ s. książka; v. księ-
 gować; rezerwować; aresztować
border /'bo:rder/ s. granica;
 brzeg; rąbek; v. graniczyć
born /bo:rn/ adj. urodzony
borrow /'borou/ v. /za/pożyczać
both /bouş/ pron.,adj. obaj;
 obydwaj
bottle /botl/ s. butelka
bottom /'botem/ s. dno; spód;
 adj. dolny; spodni; v. sięgać
 dna; wstawiać dno
bound /baund/ s. skok; adj.
 będący w drodze; v. ograniczać
boundary /baundry/ s. granica
bow /bau/ s. łuk; kabłąk; smy-
 czek; ukłon; v. kłaniać się

bowl /boul/ s. miska; czerpak;
v. grać w kręgle

box /boks/ s. skrzynka; pudełko;
loża; boks; v. pakować; oddzielać; uderzać pięścią

boy /boj/ s. chłopak; służący

brain /brejn/ s. mózg; rozum

branch /bra:ncz/ s. gałąź; odnoga; filja; v. odgałęziać się;
zbaczać

brass /braes/ s. mosiądz; spiż;
starszyzna

brave /brejw/ adj. dzielny /zuch/;
v. stawiać czoło

bread /bred/ s. chleb; forsa

breadth /breds̡/ s. szerokość;
rozmach

brake; broke; broken /brek; bro-
uk; brouken/ v. łamać; przery-
wać; rujnować; s. załamanie

breakfast /'brekfest/ s. śniadanie; v. jeść śniadanie

breath /bres/ s. oddech

breathe /bri̡:z̡/ v. oddychać;
żyć; dać wytchnąć; powiewać

brick /bryk/ s. cegła; kostka;
 adj. ceglany; v. murować

bridge /brydż/ s. most; mostek;
 v. łączyć mostem

bright /brajt/ adj. jasny;
 świetny; bystry; adv. jasno

bring; brought; brought /bryng;
 bro:t; bro:t/ v. przynosić;
 przyprowadzać

broad /bro:d/ adj. szeroki; wyraźny; obszerny; s. szeroka
 płaszczyzna; adv. szeroko

broadcast /'bro:dka:st/ v. trans-
 mitować; rozsiewać; szerzyć

brother /'bradzer/ s. brat

brown /braun/ adj. brunatny; brą-
 zowy; opalony; v brązowieć

brush /brasz/ s. szczotka; pę-
 dzel; draśnięcie; v. szczotkować

bucket /'bakyt/ s. wiadro

build; built; built /byld; bylt;
 bylt/ v. budować; rozbudować

building /'byldyng/ s. budowla

bunch /bancz/ s. pęk; banda; guz;
 v. składać w pęki; kulić się

bundle /'bandl/ s. tłumok;
wiązka

burn; burnt; burnt /be:rn;
be:rnt; be:rnt/ v. palić; płonąć; s. oparzelina

burst; burst; burst /be:rst;
be:rst; be:rst/ v. rosadzać;
rozrywać; s. wybuch; pęknięcie;
salwa; zryw

bury /'bery/ v. pochować; zagrze-
bać; chować

bus /bas/ s. autobus

bush /busz/ s. krzak; gąszcz

business /'byznys/ s. interes;
zajęcie; sprawa

busy /'byzy/ adj. zajęty;
skrzętny; wścibski; ruchliwy

but /bat/ adv., conj, prep. lecz;
ale; jednak; natomiast; tylko;
inaczej niż; z wyjątkiem

but once /bat łans/ exp. tylko
raz

butcher /'buczer/ s. rzeźnik

butter /'bater/ s. masło; v. smarować masłem

button /batn/ s. guzik

buy; bought; bought /baj; bo:t; bo:t/ v. kupować

by /baj/ prep. przy; koło; z; przez; po; obok

by myself /baj maj'self/ ja sam

cab /kaeb/ s. taksówka; dorożka; szoferka

cabbage /'kaebydż/ s. kapusta

cage /kejdż/ s. klatka; kosz; v. zamykać w klatce

cake /kejk/ s. ciastko; kostka /mydła/; v. zlepiać się

calculate /'kaelkjulejt/ v. rachować; sądzić; oceniać

call /ko:l/ v. wołać; wzywać; telefonować; odwiedzać; zawijać do portu; s. krzyk; wezwanie; apel; powołanie; wizyta

calm /ka:m/ adj. spokojny; cichy; s. spokój cisza; v. uspakajać; uciszać

camera /'kaemere/ s. aparat fotograficzny; prywatna izba

camp /kaemp/ s.obóz; v.obozować

camp out /kaemp aut/ v. obozo-
wać w namiocie

can /kaen/ v. móc; konserwować;
wyrzucać; umieć; s. puszka blaszana; ustęp

canal /ke'nael/ s. kanał

cap /kaep/ s. czapka; pokrywa

cape /kejp/ s. przylądek; pele-
ryna

capital /'kaepytl/ s. stolica;
kapitał; adj. główny; zasadni-
czy; stołeczny

captain /'kaeptyn/ s. kapitan

car /ka:r/ s. samochód; wóz

card /ka:rd/ s. karta; bilet

care /keer/ s. opieka; troska;
ostrożność; v. troszczyć się

careful /'keerful/ adj. ostrożny; troskliwy

careless /'keerles/ adj. niedba-
ły; nieuważny

carriage /'kaerydż/ s. wagon;
powóz; postawa

carry /'kaery/ v. nosić; wozić;
zanieść; unosić

cart /'ka:rt/ s. wóz

case /kejs/ s. wypadek; sprawa;
dowód; skrzynie; pochwa; torba;
sprawa sądowa; v. otaczać czymś

cash /kaesz/ s. gotówka; pieniądze; v. spieniężać; płacić

castle /'ka:sl/ s. zamek

cat /kaet/ s.kot

catch; caught; caught /kaecz;
ko:t; ko:t/ v. łapać; łowić;
słyszeć; s. łup; połów

cattle /kaetl/ s. bydło rogate

cause /ko:z/ s. przyczyna;
sprawa; v. powodować

caution /'ko:szyn/ s. ostrożność; uwaga; v. ostrzegać

cave /kejw/ s. jaskinia; v. za-
padać się; drążyć

cent /sent/ s.cent

center /'senter/ s. ośrodek;
v. ześrodkowywać

century /'senczury/ s. stulecie

ceremony /'serymeny/ s. cere-
monia

certain /'se:rtn./ adj. pewien

chain /czejn/ s. łańcuch; v .
wiązać na łańcuchu; mierzyć

chair /czeer/ s. krzesło; stołek; fotel; katedra; v. prze-
wodniczyć

chance /cza:ns/ s. okazja; przypadek;; szansa; ryzyko; adj.
przypadkowy; v. zdarzać się;
ryzykować; próbować

change /czejndż/ s. zmiana; wymiana; drobne; v. zmienić;
przebierać /się/; wymieniać

character /'kaerykter/ s. charakter; typ; cecha; znak

charge /cza:rdż/ s. ciężar; ładunek; obowiązek; piecza; zarzut; opłata; v. ładować; obciążać; oskarżać; szarżować

charm /cza:rm/ s. czar; urok;
amulet; v. czarować; oczarować

cheap /czi:p/ adj. tani; marny

cheat /czi:t/ s. oszust; oszustwo; v. oszukiwać; zdradzać

check /czek/ s. wstrzymanie;
przerwa; sprawdzenie; czek

check /czek/ adj. szachownicowy;
 kontrolny; v. hamować; sprawdzać; zgadzać się

cheer /czier/ s. brawo; hurra;
 radość; v. rozweselać; dodawać
 otuchy

chest /czest/ s. skrzynia; ko-
 moda; pierś

chicken /'czykyn/ s. kurcze;
 adj. tchórzliwy

chief /czy:f/ s. wódz; szef;
 adj. główny; naczelny

chiefly /'czy:fly/ adv. głównie

child /czajld/ s. dziecko

childish /'czajldysz/ adj.
 dziecinny

chimney /'czymny/ s. komin

choice /czojs/ s. wybór; wybran-
 ka; adj. wyborowy; doborowy

choose; chose; chosen /czu:z;
 czouz; czouzn/ v. wybierać

Christmas /'krysmas/ s. Boże
 Narodzenie

church /cze:rcz/ s. kościół

cinema /'syneme/ s. kino

circle /se:rkl/ s. koło; krąg;
obwód; v. otaczać; kręcić się
w koło

circular /'se:rkjuler/ s. ókól-
nik; adj. okrągły; kolisty

citizen /'sytyzn/ s. obywatel

city /'syty/ s./wielkie/ miasto

civilization /,sywylaj'sejszyn/
s. cywilizacja

civilize /'sywylajz/ v. ciwili-
zować

claim /klejm/ v. żądać; twier-
dzić; s. żądanie; twierdzenie

class /klaes/ s. klasa; lekcja;
grupa; v. klasyfikować

classify /'klaesyfaj/ v. klasyfikować; sortować

clay /klej/ s. glina

clean /kli:n/ adj. czysty; wyraźny; adv. całkiem; zupełnie;
poprostu; v. oczyścić; ogołocić

clear /klier/ adj. jasny; czysty;
bystry; adv. jasno; wyraźnie;
s. wolna przestrzeń

clear up /'klier,ap/ v.wyjaśnić

clearly /'klierly/ adv. jasno;
wyraźnie; oczywiście

clerk /kla:rk/ s. subjekt;
urzędnik; pisarz

clever /'klewer/ adj. zdolny;
sprytny; zręczny

cliff /klyf/ s. urwisko; stroma
ściana

climb /klajm/ s. wspinaczka;
wspinać się; wzbijać się

clock /klok/ s. zegar ścienny

close /klouz/ v. zamykać; zaty-
kać; zakończyć; s. koniec; adv.
szczelnie; blisko; prawie; adj.
zamknięty; bliski

cloth /klos/ s. materiał; szmata; obrus

clothes /klouzyz/pl. ubranie;
pościel

cloud /klaud/ s. chmura; obłok;
v. chmurzyć; rzucać cień

cloudy /'klaudy/ adj. chmurny;
posępny; zamglony; mętny

club /klab/ s. klub; pałka; kij;
v. bić pałką; łączyć

coal /koul/ s. węgiel

coarse /ko:rs/ adj. pospolity;
gruboziarnisty; szorstki

coast /koust/ s. brzeg; v. jechać bez napędu

coat /kout/ s marynarka; powłoka;
v. okrywać; pokrywać

coffee /'kofy/ s. kawa

coffeepot /'kofypot/ s. maszyn-
ka do kawy

coin /koyn/ s. moneta; v. bić
monety

cold /kould/ s. zimno; przezię-
bienie

collar /'koler/ s. kołnierz;
szyjka; obroża; dać obrożę

collect /ke'lekt/ v. zbierać;
odbierać; inkasować

collection /ke'lekszyn/ s.
zbiór; kolekcja; inkaso

college /'kolydż/ s. uczelnia;
kolegium

colonial /ke'lounjel/ a. kolo-
nialny

colonist /'kolenyst/ s. osadnik

colony /'koleny/ s. kolonia

color /'kaler/ s. barwa; farba;
koloryt; v. barwić; farbować
coloring /'kaleryng/ s. koloryt; kolorowanie; rumieńce
comb /koum/ s. grzebień; v. czesać
combination /komby'nejszyn/ s.
kombinacja; zespół
combine /kom'bajn/ v. łączyć
come; came; come /kam; kejm;
kam/ v. przybyć; pochodzić
comeback /'kam'baek/ s. powrót; bystra odpowiedź; poprawa
comfort /'kamfert/ s. wygoda;
pociecha; v. pocieszać
command /ke'maend/ v. rozkazy-
wać; kazać; dowodzić; s. rozkaz; komenda
commerce /'kome:rs/ s. handel
commercial /ke'me:rszel/ adj.
handlowy
committee /ke'myti:/ s. komitet;
komisja
common /'komen/ adj. wspólny;
ogólny; pospolity; zwyczajny

common sense /'komen,sens/
zdrowy rozsądek

companion /kem'paenjen/ s. towarzysz; coś do pary

company /'kampeny/ s. towarzystwo; goście; kompania

comparative /kem'paeretyw/ adj.
porównawczy; stosunkowy

compare /kem'peer/ v. porówny-
wać; dawać się porównać

comparison /kem'paeryson/ s.
porównanie

compete /kem'pi:t/ v. konkuro-
wać; rywalizować; ubiegać się

competition /,kompy'tyszyn/ s.
konkurencja; konkurs; zawody

competitor /kem'petyter/ s.
rywal; konkurent

complain /kem'plejn/ v. żalić
się; narzekać; skarżyć

complaint /kem'plejnt/ s.
skarga; zażalenie

complete /kem'pli:t/ adj. całkowity; zupełny; kompletny v.
uzupełniać; ukończyć

complicate /'komply,kejt/ v.
komplikować; wikłać; splątać

compose /kem'pouz/ v. układać;
tworzyć; komponować; skupiać
myśli; łagodzić

composer /kem'pouzer/ s. kompo-
zytor

composition /,kempe'zyszyn/ s.
skład; układ; ugoda; wypraco-
wanie; budowa

concern /ken'se:rn/ s. interes;
troska; związek; v. tyczyć
się; obchodzić; niepokoić się o

condition /ken'dyszyn/ s. stan;
warunek; zastrzeżenie; v. uwa-
runkować; naprawiać; przygotować

confess /ken'fes/ v. wyznać;
przyznać się; spowiadać się

confidence /'konfydens/ s. zaufanie; bezczelność; pewność;

confident /'konfydent/ adj.
dufny; bezczelny; przekonany

confuse /ken'fju:z/ v. zmieszać
się; zmieszać kogoś

confusion /ken'fju:żyn/ s. nie-
ład; zamieszanie

connect /ke'nekt/ v. łączyć;
wiązać

connection /xion/ /ke'nekszyn/
s. połączenie; pokrewieństwo

conquer /'konker/ v. zdobyć;
zwyciężyć

conquest /'konkłest/ s. pod-
bój; zdobycie

conscience /'konszyns/ s. sumienie

conscious /'konszes/ adj. przytomny; świadomy

consciousness /'konszesnys/ s.
świadomość

consider /ken'syder/ v. rozważać; uważać; szanować

considerable /ken'syderebl/ adj.
znaczny

consideration /ken,syde'rejszyn/
s. wzgląd; uprzejmość

consulate /'konsjulyt/ s. kon-
sulat

contain /ken'tejn/ v. zawierać

content /ken'tent/ adj. zadowolony; s. zadowolenie; v. zado-
walać

content /'kontent/ s. zawartość;
terść; objętość

continue /ken'tynju:/ v. kontynuować; ciągnąć dalej; trwać

continuous /ken'tynjues/ adj.
nieprzerwany; ciągły

control /ken'troul/ v. sprawdzać; rządzić; kontrolować;
opanować; s. kontrola; stero-
wanie; regulowanie; ster

convenience /ken'wi:njens/ s.
wygoda; korzyść

convenient /ken'wi:njent/ adj.
wygodny

conversation /,konwer'sejszyn/
s. rozmowa

cook /kuk/ s. kucharz; kucharka;
v. gotować

cool /ku:l/ adj. chłodny

copper /'koper/ s. miedź; v. mie-
dziować; slang: policjant

copy /'kopy/v.kopiować s. kopia

cork /ko:rk/ s. korek

corkscrew /'ko:rk,skru:/ s. korkociąg

corn /ko:rn/ s. ziarno; zboże; kukurydza; nagniotek

corner /'ko:rner/ s. róg; kąt; v. zapędzać do kąta

correct /ke'rekt/ adj. poprawny; v. poprawiać

cost; cost; cost /kost; kost; kost/ v. kosztować; s. koszt

cottage /'kotydż/ s. domek

cotton /kotn/ s. bawełna

cough /kof/ s. kaszel; v. kaszleć

could /kud/ v. mógłby; zob.: can

council /'kaunsyl/ s. rada

count /kaunt/ v. liczyć; liczyć się; s. rachunek

country /'kantry/ s. kraj; ojczyzna; wieś

courage /'karydż/ s. odwaga

course /ko:rs/ s. kurs; bieg; kierunek; droga; danie; ciąg; v. gnać; uganiać się

court /ko:rt/ s. podwórze; hala; dwór; hotel; sąd; v. zale-
cać się ; wabić; zabiegać

cousin /'kazyn/ s. kuzyn; kuzynka; krewny

cover /'kawer/ s. koc; wieko;
oprawa; osłona; koperta; nakry-
cie stołu; pokrycie; v. kryć

cow /kał/ s. krowa

coward /'kauerd/ s. tchórz;
adj. tchórzliwy

crack /kraek/ s. rysa; szpara;
trzask; dowcip; v. trzaskać;
żartować; łupać; uderzyć;
adj. wysokiej jakości

crash /kraesz/ s. huk; łomot;
upadek; katastrofa; ruina;
v. trzaskać; huczeć; wpaść na;
adv. z trzaskiem; z hukiem;
adj. przyspieszony

creature /'kry:czer/ s. stwór;
istota; kreatura

creep; crept; crept /kri:p;
krept; krept/ v. pełzać; wkra-
dać się; s. pełzanie; poślizg

crime /krajm/ s. zbrodnia

criminal /'krymynl/ s. zbrod-
niarz; kryminalista; adj.
zbrodniczy; kryminalny

critic /'krytyk/ s krytyk

critical /'krytykl / adj. kry-
tyczny; krytykujący

crop /krop/ s. plon; biczysko;
całość; przycinanie; krótko
strzyżone włosy; grupa; v.
strzyc; zbierać; zasiewać

cross /kros/ s. krzyż; skrzyżowanie; mieszaniec; kant; upo-
śledzenie; v. żegnać się;
krzyżować; iść w poprzek; adj.
poprzeczny; krzyżujący; przeci-
wny; gniewny; opryskliwy

crowd /kraud/ s tłum; tłok; banda; mnóstwo; v. tłoczyć; na-
pierać; wpychać

crown/kraun/ s. korona; wieniec;
v. wieńczyć; koronować

cruel /kruel/ adj. okrutny

crush /krasz/ v. miażdżyć; miąć;
s. miażdżenie; tłok; ciżba

cry /kraj/ s. krzyk; płacz; v.
krzyczeć; płakać; urągać

cry out /kraj aut/ v. wrzasnąć;
wykrzyknąć

cultivate /'kaltywejt/ s. uprawiać; rozwijać; kultywować

cultivation /,kalty'wejszyn/ s.
uprawa; kultywowanie

cup /kap/ s. kubek; kielich; filiżanka; v. wgłębiać

cure /kjuer/ s. kuracja; lek;
lekarstwo; v. leczyć

curiosity /,kjurj'osyty/ n. ciekawość; osobliwość

curious /'kjuerjes/ adj. ciekawy

currency /'karensy/ s. waluta

current /'karent/ adj. bieżący;
obiegowy; s. prąd; bieg; tok

curse /ke:rs/ s. przekleństwo;
v. przeklinać; bluźnić

curtain /'ke:rtn/ s. zasłona;
firanka; kurtyna; v. zasłaniać

curve /ke:rw/ s. krzywa; krzywiz-
na; v. wykrzywiać /się/

cushion /'kuszyn/ s. poduszka

custom /'kastem/ s. zwyczaj;
adj. zrobiony na zamówienie

cut; cut; cut /kat; kat; kat/
v. ciąć; zaciąć; skaleczyć;
kroić; kosić; obcinać; s. cię-
cie; odrzynek; krój; styl /kra-
wiecki/; wykop; drzeworyt

cutting /'katyng/ adj. bolesny;
przenikliwy; cięty

daily /'dejly/ adj. codzienny;
adv. codziennie; s. dziennik

damage /'daemydż/ s. szkoda;
uszkodzenie; odszkodowanie;
v. uszkodzić

damp /daemp/ v. zwilżyć; s. wilgoć

dance /da:ns/ s. taniec; zabawa
taneczna; v. tańczyć

danger /'dejndżer/ s. niebez-
pieczeństwo

dangerous /'dejndżeres/ adj.
niebezpieczny

dare /deer/ v. śmieć; ważyć się;
s. wyzwanie

dark /da:rk/ adj. ciemny; ponury; s. ciemność; mrok

darkness /'da:rknys/ s. ciemność;
ciemnota; śniadość

date /dejt/ v. datować; nosić
datę; chodzić z kimś; s. data;
randka

daughter /'do:ter/ s. córka

day /dej/ s. dzień; doba

dead /ded/ adj., s. zmarły; martwy; adv. zupełnie

deaf /def/ adj. głuchy

deal; dealt; dealt /di:l; delt;
delt/ v. zajmować się; traktować o; załatwiać; handlować;
rozdzielać karty; s. ilość;
sprawa

dear /dier/ adj. kochany; drogi

death /deŝ/ s. śmierć

debt /det/ s. dług

decay /dy'kej/ v. gnić; psuć
się; s. upadek; rozkład

deceive /dy'si:w/ v. okłamywać;
zwodzić; łudzić; zawodzić

decide /dy'sajd/ v. roztrzygać;
postanowić; decydować się;
zadecydować; skłaniać się

decision /dy'syżyn/ s. rozstrzyg-
nięcie; postanowienie; decyzja;
stanowczość

decisive /dy'sajsyw/ adj. decy-
dujący; roztrzygający; zdecydo-
wany

declaration /dekle'rejszyn/ s.
deklaracja; oświadczenie

declare /dy'kle:r/ v. oświadczyć;
zeznawać; uznawać za

decrease /'dy:kri:s/ v. zmniejszać; słabnąć; obniżać; s. spadek; zmniejszenie

deed /di:d/ s. czyn; akt; v.
przekazywać /własność/

deep /di:p/ adj. głęboki; s.
głębia; adv. głęboko

deer /dier/ s. jeleń; sarna;
łoś; łania

defeat /dy'fi:t/ v. pokonać; pobić; unicestwić; udaremnić

defend /dy'fend/ v. bronić

defense /dy'fens/ s. obrona

degree /dy'gri:/ s. stopień/na-
ukowy, ciepła etc./

delay /dy'lej/ v. odraczać;
 zwlekać; s. zwłoka

delicate /'delykyt/ adj. delikatny; wyśmienity

delight /dy'lajt/ s. rozkosz;
 v. zachwycać się

delightful /dy'lajtful/ adj.
 zachwycający; czarujący

deliver /dy'lywer/ v. doręczać;
 wydawać; wygłaszać; uwalniać

delivery /dy'lywery/ s. dostawa;
 wygłaszanie; poród

demand /dy'ma:nd/ s. zadanie;
 pobyt; v. zadać; dopytywać się

department /dy'pa:rtment/ s.
 wydział; ministerstwo; dział

depend on /dy'pend on/ v. polegać na; zależeć od

dependent /dy'pendent/ adj.
 zależny

depth /deps/ s. głębokość

dictionary /'dykszeneeri/ s.
 słownik

die /daj/ v. umierać; zdechnąć;
 zginąć; s. matryca

difference /'dyferens/ s różnica

different /'dyferent/ adj. różny; odmienny; niezwykły

difficult /'dyfykelt/ adj.
trudny

difficulty /'dyfykelty/ s.
trudność; przeszkoda

dig; dug; dug /dyg; dag; dag/
v. kopać; ryć; rozumieć; kuć
się; s. przytyk; kujon

dine /dajn/ v. jeść obiad; jeść

dinner /'dyner/ s. obiad

direct /dy'rekt/ v. kierować;
kazać; zarządzić; adj. prosty;
bezpośredni; adv. wprost; bezpośrednio

direction /dy'rekszyn/ s.kieru-
nek; kierownictwo; wskazówka

directly /dy'rektly/ adv. bezpośrednio; wprost; od razu;
zaraz

director /dy'rektor/ s dyrektor;
reżyser; celownik

dirt /de:rt/ s. brud; ziemia

dirty /de:rty/ adj. brudny;
sprośny; podły; wstrętny

disadvantage /dysed'wa:ntydż/ s.
niekorzyść; wada; strata; nie-
korzystne położenie

disagree /dyse'gri:/ v. nie
zgadzać się; różnić się; nie
służyć /jedzenie, klimat/

disappear /,dyse'pier/ v. znikać

disappearance /,dyse'pierens/
s. zniknięcie

disappoint /dyse'point/ v. za-
wieść; rozczarować

disapprove /dyse'pru:w/ v. po-
tępić; ganić

discipline /'dyscyplyn/ s.
dyscyplina; karność; v.karać;
ćwiczyć; musztrować

discomfort /dys'kamfert/ s. niewygoda; niepokój; v. sprawiać
niewygody

discontent /'dysken'tent/ s.
niezadowolenie; adj. niezadowolony; v. wywołać niezadowolenie

discontented /'dysken'tentyd/
adj. niezadowolony; rozgory-
czony

discover /dys'kawer/ v. wynaleźć; odkryć; odsłaniać

discovery /dys'kawery/ s. wynalazek; odkrycie

discuss /dys'kas/ v. dyskutować;
roztrząsać

discussion /dys'kaszyn/ s. dyskusja; debate

disease /dy'zi:z/ s. choroba

disgust /dys'gast/ s. odraza;
wstręt; v. budzić odrazę

dish /dysz/ s. półmisek; danie;
v. nakładać; podawać

dismiss /dys'mys/ v. odprawiać;
zwalniać; odsuwać od siebie

disobey /,dyse'bej/ v. nie
słuchać; być nieposłusznym

displease /dys'pli:z/ v. ura-
żać; gniewać; oburzać

distance /'dystens/ s. odległość

distant /'dystent/ adj. daleki
odległy; powściągliwy

distinguish /dys'tyngłysz/ v.
rozróżniać; klasyfikować

district /'dystrykt/ s. okręg;
dystrykt

disturb /dys'te:rb/ v. przeszkadzać; niepokoić; mącić

disturbance /dys'te:rbens/ s.
zakłócenie; zaburzenie

dive /dajw/ v. nurkować; skakać
z trampoliny; s. nurkowanie;
zanurzenie; melina

divide /dy'wajd/ v. dzielić;
rozdzielać; oddzielać; różnić

division /dy'wyżyn/ s. podział;
dzielenie; dział; dywizja

do; did; done /du::; dyd; dan/
v. czynić; robić; wykonać;
zwiedzać;

do well /,du'łel/ v. mieć się
dobrze

do without /,du'łysaut/ v. oby-
wać się bez

doctor /'dakter/ s. doktor

dog /dog/ s. pies

dollar /'doler/ s. dolar

door /do:r/ s. drzwi

doorway /'do:r,łej/ s. wejście

dot /dot/ s. kropka; punkt;
 v. kropkować; rozsiewać

double /dabl/ adj. podwójny;
 v. podwajać; adv. podwójnie

doubt /daut/ s. wątpliwość; v.
 wątpić; niedowierzać

doubtful /'dautful/ adj. wątpli-
 wy; niepewny

doubtless /'dautlys/ adv. nie-
 wątpliwie

down /dałn/ adv. na dół; niżej;
 nisko; v. obniżać; przełknąć

downstairs /'dałn'steerz/ adv.
 na dół; w dole

downwards /'dałnłodz/ adv.
 wdół; ku dołowi

dozen /dazn/ s. tuzin

drag /draeg/ v. wlec /się/; s.
 wleczenie; opór czołowy

draw; drew; drawn /dro:; dru:;
 dro:n/ v. ciągnąć; czerpać;
 wdychać; wlec; rysować; kreś-
 lić

drawback /dro:baek/ s. strona
ujemna; v. cofać się

drawer /'dro:er/ s. szuflada;
kreślarz; rysownik

dream; dreamt; dreamt /dri:m;
dremt; dremt/ v. śnić; marzyć

dress /dres/ s. suknia; v. u-
bierać się

drink; drank; drunk /drynk;
draenk; drank/ v. pić; s. na-
pój

drive; drove; driven /drajw;
drouw; drywn/ v. pędzić; prowadzić; wieźć; jechać; s. na-
pęd; droga; dojazd

drop /drop/ v. kapać; opadać;
s. kropla; spadek /temperatury/

drown /draun/ v. tonąć; topić

drum /dram/ s. bęben; v. bęb-
nić

dry /draj/ adj. suchy; v. su-
szyć

duck /dak/ s. kaczka; unik; v.
zanurzyć; zrobić unik

duct /dakt/ s. przewód; kanał

due /dju:/ adj. należny; adv. w kierunku na /wschód/ s. to co się należy

due to /'dju:,tu/ exp. z powodu

dull /dal/ adj. tępy; głuchy; ospały; niemrawy; nudny; ponury; ciemny

during /'djueryng/ prep. podczas; w czasie; w ciągu; przez; za

dust /dast/ s. pył; kurz; v. odkurzać; kurzyć się

duty /'dju:ty/ s. powinność; obowiązek; służba; cło

each /i:cz/ pron. każdy

eager /'i:ger/ adj. gorliwy; żądny; chętny

eagerly /'i:gerly/ adv. gorliwie

ear /ier/ s. ucho

early /'e:rly/ adj. wczesny; adv. wcześnie

earn /e:rn/ v.zarabiać

earnest /'e:rnyst/ adj. poważny; przejęty; s. powaga

earth /e:rş/ s. ziemia

earthly /'e:rsly/ adj. ziemski

ease /i:z/ v. łagodzić; uspokoić; odciążyć; s. spokój;
wygoda; beztroska

easily /'i:zyly/ adv. łatwo;
lekko; swobodnie

east /i:st/ s. wschód; adj.
wschodni; adv. na wschód

eastern /'i:stern/ adj.
wschodni

easy /i:zy/ adj. łatwy; beztro-
ski; wygodny; adv. łatwo; swobodnie; lekko

eat; ate; eaten /i:t; ejt; i:tn/
v. jeść; zjeść

edge /edż/ s. ostrze; krawędź;
kraj; v. ostrzyć; obszywać

educate /'edju:kejt/ v. kształcić; wychowywać

education /,edju'kejszyn/ s.
wykształcenie; wychowanie

educational /,edju'kejszenl/ adj.
kształcący; wychowawczy

effect /i'fekt/ s. skutek; wrażenie; v. wykonywać; dokonywać

effective /i'fektyw/ adj. skuteczny; wydajny; rzeczywisty

efficiency /i'fyszensy/ s. wydajność; skteczność; sprawność

efficient /i'fyszent/ adj. skuteczny; wydajny; sprawny

effort /'efert/ s. wysiłek

egg /eg/ s. jajko; v. zachęcać

either /'ajdzer/ pron. każdy /z dwu/; obaj; obie; oboje; jeden lub drugi

elastic /i'lastyk/ adj. sprężysty; rozciągliwy; s. guma

elder /'elder/ s. człowiek starszy; adj. starszy

elect /i'lekt/ v. wybrać; decydować; adj. wybrany

election /i'lekszyn/ s. wybory

electric /i'lektryk/ adj. elektryczny

electrical engineer /e'lektrykel,endży'nier/ s. inżynier elektryk

electricity /ilek'trysyty/ s. elektryczność

elephant /'elyfent/ s. słoń

eleven /i'lewn/ num. jedenaście; jedenastka

else /els/ adv. inaczej; bo inaczej; w przeciwnym razie; poza tym; jeszcze

elsewhere /els'hłer/ adv. gdzieindziej

emergency /y'me:rdżensy/ s. nagła potrzeba; stan wyjątkowy

empire /'empajer/ s. cesarstwo; imperium

employ /ym'ploj/ v. zatrudniać

employee /,emploj'i:/ s. pracownik

employer /em'plojer/ s. pracodawca

employment /ym'plojment/ s. zatrudnienie; używanie; zajęcie

empty /'empty/ adj. pusty; v. wypróżniać; wysypywać; wylewać

enclose /yn'klouz/ v. ogradzać; zamykać; załączać; zawierać

encourage /yn'ka:rydż/ v. zachęcać; ośmielać

encouragement /yn′ka:rydżment/
s. zachęta; ośmielenie

end /end/ s. koniec; cel;
skrzydłowy w piłce nożnej;
v. skończyć; kończyć /się/;
dokończyć

endless /′endlys/ adj. nieko-
ńczący się; ustawiczny

enemy /′enymy/ s. wróg; prze-
ciwnik; adj. wrogi

engine /′endżyn/ s. silnik;
parowóz; maszyna; motor

engineer /,endży′nier/ s. inżynier

English /′ynglysz/ adj. angielski /język/

enjoy /yn′dżoj/ v. cieszyć się;
rozkoszować

enough /y′naf/ adj., s., adv.
dosyć; dość

enquire /yn′kłajer/ v. pytać;
dowiadywać się

enter /′enter/ v. wchodzić

entertain /,enter′tejn/ v. za-
bawiać; gościć; nosić

entertainment /,enter'tejnment/
s. rozrywka; zabawa

entire /yn'tajer/ adj. cały;
całkowity

entirely /yn'tajerly/ adv.
całkowicie; jedynie

entrance /'entrens/ s. wejście;
wstęp

envelope /'enweloup/ s. koperta;
otoczka

envy /'enwy/ s. zawiść; zazdrość; przedmiot zazdrości

equal /'i:kłel/ adj. równy; v.
równać się

equality /i'kłolyty/ s. równość

equally /i:'kłely/ adv. jednakowo; równo; również

escape /ys'kejp/ s. ucieczka;
v. wymknąć się; zbiec

especial /ys'peszel/ adj. szczególny; wyjątkowy; specjalny

especially /ys'peszely/ adv.
szczególnie; zwłaszcza

essence /'esens/ s. esencja;
istota czegoś; wyciąg

essential /y'senszel/ adj. nie-
zbędny; s. cecha istotna

European /ˌjuːrəˈpiːen/ adj.
europejski; s. Europejczyk

even /'iːwen/ adj. równy; adv.
nawet; v. wyrównać

evening /'iːwnyng/ s. wieczór

event /y'went/ s. wydarzenie

ever /'ewer/ adv. w ogóle; kiedyś; kiedykolwiek

every /'ewry/ adj. każdy

everybody /'ewrybody/ pron.
każdy; wszyscy

everyday /'ewrydej/ adj. codzienny; powszedni

everyone /'ewryłan/ pron.
każdy; wszyscy

everything /'ewrytyng/ pron.
wszystko

everywhere /'ewryhłer/ adv.
wszędzie

evil /'iːwl/ adj. zły

exact /yg'zaekt/ adj. dokładny;
v. wymagać; egzekwować

exactly /yg'zaektly/ adv. właśnie

examination /yg,zaemy'nejszyn/
s. egzamin; badanie

examine /yg'zaemyn/ v. badać;
egzaminować; przesłuchiwać

example /yg'za:mpl/ s. przykład

excellence /yk'selens/ s. wyższość; doskonałość

excellent /yk'selent/ adj. doskonały; wyborny

except /yk'sept/ v. wykluczać;
wyłączać; prep. z wyjątkiem;
oprócz

exception /yk'sepszyn/ s. wyjątek; zarzut

excess /yk'ses/ s. nadmiar; nadwyżka

excessive /yk'sesyw/ adj. nad-
mierny

exchange /yks'czendż/ s. wymiana; giełda; v. wymienić

excite /yk'sajt/ v. pobudzać;
podniecać

excitement /yk'sajtment/ s. pod-
niecenie

excursion /yks'ke:rżyn/ s. wycieczka

excuse /yks'kju:z/ v. usprawiedliwiać s. usprawiedliwienie

exercise /'eksersajz/ s. ćwicze-
nie; v. ćwiczyć

exist /yg'zyst/ v. istnieć

existance /yg'zystens/ s. ist-
nienie; byt; egzystencja

expect /yks'pekt/ v. spodziewać
się; przypuszczać

expectation /,ekspek'tejszyn/
s. oczekiwanie; nadzieja

expense /yks'pens/ s. koszt;
wydatek

expensive /yks'pensyw/ adj.
drogi; kosztowny

experience /yks'pierjens/ s.
doświadczenie; przeżycie; v.
doświadczać; doznawać

experiment /yks'peryment/ s. doświadczenie; v. eksperymentować

explain /yks'plejn/ v. wyjaśnić;
objaśnić; wytłumaczyć

explanation /,eks'plaenejszyn/
s. wyjaśnienie

explode /yks'ploud/ v.wybuchać

explorer /yks'plo:rer/ s. badacz; sonda

explosive /yks'plousyw/ s. materiał wybuchowy; adj. wybuchowy

express /yks'pres/ s. ekspress; adj. wyraźny; adv. pośpiesznie; v. wyrażać

extend /yks'tend/ v. wyciągać /się/; rozciągać /się/; powiększać

extension /yks'tenszyn/ s. rozciąganie; przedłużenie; rozmiar; zakres

extensive /yks'tensyw/ adj. obszerny; rozległy

extent /yks'tent/ s. rozmiar; zasięg; stopień

extra /'ekstre/ adj. specjalny; dodatkowy; adv. nadzwyczajnie; s. dodatek

extraordinary /yks'tro:rdnery/ adj. niezwykły; nadzwyczajny

extreme /yks'tri:m/ adj. skrajny; s. ostateczna granica

eye /aj/ s. oko

face /fejs/ s. twarz; oblicze;
mina; grymas; śmiałość; prawa
strona; v. stawiać czoła; sta-
nąć wobec; napotykać

fact /faekt/ s. fakt; stan
rzeczywisty

factor /'faekter/ s. czynnik;
współczynnik; część

factory /'faektery/ s. fabryka;
adj. fabryczny

fade /fejd/ v. więdnąć; blednąć; zanikać

fail /feil/ v. chybić; zawodzić; nie udać się

failure /'fejljer/ s. niepowo-
dzenie; upadek; niezdara

faint /fejnt/ adj. słaby; omdlały; s. omdlenie; v. mdleć

fair /feer/ adj. piękny; jasny;
adv. pięknie; v. wypogadzać
się; s. targi

fairly /'feerly/ adv. słusznie;
uczciwie; całkowicie; zupełnie

faith /fejs/ s. wiara; wierność

faithful /'fejsful/ adj. wierny

fall; fell; fallen /fo:l; fe:l; fo:len/ v. padać; opadać; wpadać; s. upadek; jesień

false /fo:ls/ adj. fałszywy; kłamliwy

familiar /fe'myljer/ adj. zażyły; poufały; znany; obeznany

family /'faemyly/ s. rodzina; adj. rodzinny

famous /'fejmes/ adj. sławny

fan /faen/ v. wachlować; wiać; s. wachlarz; wentylator

fancy /'faensy/ s. fantazja; kaprys; chętka

far /fa:r/ adv. daleko

far from /'fa:r,from/ adv. bynajmniej

farm /fa:rm/ s. ferma; gospodarstwo rolne; v. uprawiać

farmer /'fa:rmer/ s. rolnik

farther /'fa:rdzer/ adj. dalszy; adv. dalej

fashion /'faeszyn/ s. moda; sposób; v. kształtować; fasonować

fast /faest/ adj. szybki; mocny; adv. mocno; v. pościć
s. post

fasten /'faesn/ v. umocować; zamykać

fat /faet/ s. tłuszcz; tusza; adj. tłusty; głupi; tępy

fate /'fejt/ s. los; przeznaczenie

father /'fa:dzer/ s. ojciec

fault /'fo:lt/ s. błąd; wina; uskok

favor /'fejwer/ s. łuska; uprzejmość; upominek; v. sprzyjać

favorable /'fejwerebl/ adj. życzliwy; łaskawy; sprzyjający

favorite /'fejweryt/ s.ulubieniec; faworyt; adj. ulubiony

fear /fier/ s. strach; obawa; v. bać się; obawiać się

feast /fi:st/ s. święto; odpust; biesiada; v. ucztować

feather /'fedzer/ s. pióro

feed; fed; fed /fi:d; fed; fed/ v. karmić; s. pasza; posuw

feel; felt; felt /fi:l; felt;
felt/ v. czuć /się/; odczuwać; macać; dotykać

feeling /'fi:lyng/ s. uczucie;
dotyk; adj. wrażliwy; czuły

fellow /'felou/ s. towarzysz;
człowiek; facet; odpowiednik

female /'fi:mejl/ s. kobieta;
niewiasta; samica; adj. żeński

fence /fens/ s. płot; v. ogro-
dzić; fechtować się

feverish /'fy:werysz/ adj. go-
rączkowy

few /fju:/ adj., pron. mało;
niewielki; nieliczny

field /fi:ld/ s. pole; boisko;
v. ustawiać na boisku

fierce /fiers/ adj. dziki; srogi;
zażarty; zawzięty

fight; fought; fought / fajt;
fo:t; fo:t/ v. walczyć s. walka; duch do walki

figure /'fy'ger/ s. kształt;
cyfra; v. figurować; liczyć

fill /fyl/ v. napełniać; s.nasyp

fill up /'fyl,ap/ v. wypełniać

film /fylm/ s. powłoka; błona;
 film; v. pokrywać błoną; filmo-
 wać

find; found; found /fajnd;
 faund; faund/ v. znajdować

fine /fajn/ adj. piękny; świetny adv. świetnie; s. grzywna;
 v. ukarać grzywną

finger /'fynger/ s. palec; v.
 wskazywać palcem

finish /'fynysz/ s. koniec; wy-
 kończenie; v. kończyć

fire /'fajer/ s. ogień; pożar

firearm /'fajera:rm/ s. broń
 palna

firm /fe:rm/ s. firma; adv. mocno; adj. pewny; trwały; v.
 ubijać; osadzać

firmly /fe:rmly/ adv. stanowczo;
 mocno; trwale

first /fe:rst/ adj. pierwszy;
 adv. najpierw; po raz pierwszy

fish /fysz/ s. ryba

fit /fyt/ s. atak /choroby,
gniewu etc./; krój; adj. dopa-
sowany; odpowiedni; v. spro-
stać; dobrze leżeć
fitting /'fytyng/ s. okucie;
oprawa; adj. odpowiedni
five /fajw/ num. pięć
fix /fyks/ v. umocować; ustalać; krzepnąć; s. kłopot
flag /flaeg/ s. flaga; wywieszać
flagę
flame /flejm/ s. płomień; v.
zionąć; błyszczeć; płonąć
flash /flaesz/ s. błysk; blask;
adj. błyskotliwy; fałszywy; v.
zabłysnąć; pędzić; mknąć
flashlight /'flaeszlajt/ s.
latarka /elektryczna/
flat /flaet/ adj. płask; płytki;
nudny; równy; stanowczy; matowy; adv. płasko; stanowczo; s.
płaszczyzna; przedziurawiona
dętka
flavor /'flejwer/ s. zapach; smak

flesh /flesz/ s. ciało; miąższ

float /flout/ v. unosić się;
 pływać na powierzchni; s. pły-
 wak; tratwa

flood /flad/ s. powódź; wylew;
 potok; v. zalewać; nawadniać

floor /flo:r/ s. podłoga

flour /flauer/ s. mąka; v. mleć
 na mąkę

flow /flou/ s. strumień; prąd;
 v. płynąć; lać się; zalewać

flower /flauer/ s. kwiat; v.
 kwitnąć

fly; flew; flown /flaj; flu;
 floun/ v. lecieć; uciekać

focus /'foukes/ s. ognisko;
 ogniskowa; v. skupiać

fold /fould/ s. fałda; zagięcie;
 zagroda /owiec/; v. zaginać
 /się/; składać

follow /'folou/ v. iść za; następować za; śledzić; wnikać

follower /'folouer/ s. stronnik;
 zwolennik; uczeń

fond /fond/ adj. czuły

food /fu:d/ s. żywność; pokarm

fool /fu:l/ s. głupiec; błazen;
 v. błaznować; oszukiwać

foolishness /'fu:lysznys/ s.
 głupota

foot /fut/ s. stopa; dół; spód;
 miara /30,5 cm/

football /'fut,bo:l/ s. piłka
 nożna; futbol

for /fo:r/ prep. dla; zamiast;
 z; do; na; żeby; że; po ; za;
 co do; co się tyczy; jak na;
 conj. ponieważ; bowiem; gdyż

forbid; forbade; forbidden
 /fer'byd; fe:r'bejd; fer'bydn/
 v. zakazywać; niedopuszczać;
 uniemożliwiać

force /fo:rs/ s. siła; moc;
 v. zmuszać; wpychać; forsować

foreign /'foryn/ adj. obcy;
 obcokrajowy

foreigner /'foryner/ s. cudzoziemiec; cudzoziemka

forget; forgot; forgotten/fer'get
 fer'got; fer'gotn/ v. zapominać

forgive; forgave; forgiven
/fer'gyw; fer'gejw; fer'gywn/
v. przebaczać; darować

fork /fo:rk/ s. widły; widelec;
v. rozwidlać się

form /fo:rm/ v. utworzyć /się/;
s. kształt; formularz

formal /'fo:rmel/ adj. formalny

formally /'fo:rmelly/ adv. for-
malnie; urzędowo; oficjalnie

former /'fo:rmer/ adj., pron.
poprzedni; były; dawny

forth /fo:rs/ adv. naprzód

fortune /'fo:rczen/ s. szczęście; los; majątek

forward /'fo:rłerd/ adj. przed-
ni; chętny; v. przyśpieszać;
ekspediować

forwards /'fo:rłerds/ adv. naprzód; dalej

frame /frejm/ s. oprawa; rama;
v. oprawiać; kształtować

free /fri:/ adj. wolny; bez-
płatny; v. uwolnić; adv. wolno

freedom /'fri:dem/ s. wolność

freely /'fri:ly/ adv. wolno;
swobodnie

freeze; froze; frozen /fr:z;
frouz; frouzn/ v. marznąć

frequent /'fri:kłent/ adj. częsty; rozpowszechniony; v. u-
częszczać; odwiedzać; bywać

frequently /'fri:kłently/ adv.
często

fresh /fresz/ adj. świeży; nowy;
zuchwały; niedoświadczony; adv.
świeżo; niedawno

friend /frend/ s. znajomy; znajo-
ma; przyjaciel

friendly /'frendly/ adj. przy-
jazny; przychylny; życzliwy

friendship /'frendszyp/ s. przyjaźń; znajomość

fright /frajt/ s. strach

frighten /'frajtn/ v. straszyć

from /from/ prep. od; z; ze

front /frant/ s. przód; front;
adj. frontowy; v. stać frontem

frost /frost/ s. mróz

frosty /'frosty/ adj. mroźny

fruit /fru:t/ s. owoc; v. owo-
cować

fry /fraj/ v. smażyć

full /ful/ adj. pełny; cały;
adv; w pełni; całkowicie

fun /fan/ s. uciecha; zabawa;
wesołość

funeral /'fju:nerel/ s. pogrzeb;
adj. pogrzebowy

funny /'fany/ adj. zabawny;
śmieszny; dziwny

fur /fe:r/ s. futro

furnish /'fe:rnysz/ v. zaopatrzyć; umeblować; wyposażyć

furniture /'fe:rnyczer/ s. umeblowanie; urządzenie

further /'fe:rdzer/ adv. dalej;
adj. dalszy

future /'fju:tczer/ s. przyszłość; adj. przyszły

gain /gejn/ s. zysk; v. zyski-
wać; zdobywać; wygrywać

gallon /'gaelen/ s. miara płynu
ok. 4,5 litra/ang./ 3,8 l /US/

gamble /'gaembl/ s. hazard; v.
ryzykować

game /gejm/ s. gra; zabawa; zawody; zwierzyna; adj. dzielny
v. uprawiać hazard

gap /gaep/ s. szpara; luka

garage /gaera:dż/ s. garaż;
v. garażować

garbage /'ga:rbydż/ s. odpadki;
śmieci

garden /'ga:rdn/ s. ogród

gas /gaes/ s. gaz; benzyna

gate /gejt/ s. brama; furtka

gateway /'gejtłej/ s. przejście; wjazd; brama

gather /'gaedzer/ v. zbierać
/się/; wnioskować

gay /gej/ adj. wesoły; żywy; roz-
pustny; s. pederasta

general /'dżenarel/ adj. ogólny;
powszechny; s. generał

generally /'dżenerely/ adv. ogól-
nie; zazwyczaj

generous /'dżeneres/ adj. hojny;
wielkoduszny; suty; bogaty

gentle /dżentl/ adj. łagodny;
delikatny; subtelny

gentleman /'dżentlmen/ s. pan;
  człowiek honorowy; dżentelmen

gently /'dżently/ adv. łagodnie;
  cicho; ostrożnie

get; got; got /get; got; got/ v.
  dostać; nabyć; zmusić; musieć;
  mieć

get along /,get e'long/ v. dawać sobie radę; współpracować

get off /,get'of/ v. wysiąść

get out /,get'aut/ v. wyjmować;
  wysiąść

get up /,get'ap/ v. wstać

get to know /'get,tu'nou/ v. zapoznać się

girl /ge:rl/ s. dziewczyna

give; gave; given /gyw; gejw;
  gywn/ v. dać; dawać

give away /,gyw e'łej/ v. wydawać; zdradzać

give in /,gyw'yn/ v. ustępować;
  poddawać się

give up /,gyw'ap/ v. poddać się;
  ustąpić; zaniechać

glad /glaed/ adj. zadowolony

gladly /'glaedly/ adv. chętnie

glass /gla:s/ s. szkło; szklan-ka

glorious /'glo:rjes/ adj. sław-ny; wspaniały

glory /'glo:ry/ s. chwała; sła-wa; v. szczycić się; chlubić się

go; went; gone /gou; łent; gon/ v. iść; jechać; stać się

go along /,gou e'long/ v. to-warzyszyć; zgadzać się

go away /,goue'łej/ v. odchodzić

go back /,gou'bek/ v. wracać; cofać się

go by /,gou'baj/ v. mijać

go on /,gou'on/ v. iść naprzód; ciągnąć dalej; kontynuować

go between /,gouby'tły:n/ s. pośrednik

god /god/ s. Bóg

goddess /'godys/ s. bogini

gold /gould/ s. złoto

golden /'gouldn/ adj. złoty

gold-plated /'gould,plejtyd/ adj. pozłacany

good /gud/ adj. dobry
 s. dobro; pożytek
 better /'beter/ lepszy
 best /best/ najlepszy
good-bye /,gud'baj/ s. do widzenia
goodness /'gudnys/ s. dobroć
good will /'gud'łyl/ s. dobra
 wola
govern /'gawern/ v. rządzić;
 kierować; dowodzić
government /'gawernment/ s.
 rząd; ustrój
governor /'gawerner/ s. guber-
 nator; zarządca
grace /grejs/ s. łaska; v. czcić
graceful /'grejsful/ adj. pełen
 wdzięku
gradual /'gaedżuel/ adj. stop-
 niowy
gradually /'graedżuely/ adv.
 stopniowo
grain /grejn/ s. ziarno; zboże
grammar /'graemer/ s. gramatyka
grand /graend/ adj. wielki;
 wspaniały

grass /gra:s/ s. trawa

grateful /'grejtful/ adj.
wdzięczny

grave /'grejw/ s. grób; adj.
poważny; v. wyryć

grease /gri:s/ s. tłuszcz; smar;
v. brudzić; smarować

great /grejt/ adj. wielki; duży;
świetny; znakomity; wspaniały

greatly /'grejtly/ adv. wielce;
bardzo; znacznie

greatness /'grejtnys/ s. wielkość; ogrom

greed /gri:d/ s. chciwość

green /gri:n/ adj. zielony;
naiwny; s. zieleń

greet /gri:t/ v. pozdrawiać

grey /grej/ adj. szary; siwy;
s. szarość; v. siwieć

grind; ground; ground /grajnd;
graund; graund/ v. ostrzyć;
mleć; zgrzytać; s. mlenie;
harówka

ground /graund/ s. grunt; ziemia; v. gruntować; zagruntować

group /gru:p/ s. grupa v. grupować

grow; grew; grown /grou; gru; groun/ v. rosnąć; stawać się; dojrzewać; hodować; sadzić

grown-up /'groun,ap/ adj. dorosły; s. dorosły człowiek

growth /grous/ s. rozwój; wzrost

guard /ga:rd/ v. pilnować; chronić; s. strażnik; opiekun

guess /ges/ v. zgadywać; przypuszczać; s. przypuszczenie

guest /gest/ s. gość

guide /gajd/ s. przewodnik; doradca; v. pokierować

guilt /gylt/ s. wina

guilty /'gylty/ adj. winny

gun /gan/ s. strzelba; armata; pistolet; rewolwer

habit /'haebyt/ s. zwyczaj; nałóg; habit

hair /heer/ s. włos; włosy

half /ha:f/ s. połowa; adj. pół; adv. na pół; po połowie

half an hour /'ha:f,en'aur/ s. pół godziny

hall /hɔ:l/ s. sień; sala; hala; dwór; gmach publiczny

hammer /'haemer/ s. młotek; v. bić młotkiem; walić

hand /haend/ s. ręka; v. podać

handful /'haendful/ s. garść

handkerchief /'henkerczy:f/ s. apaszka; chustka do nosa

handle /'haendl/ s. trzonek

handy /'haendy/ adj. zręczny; wygodny; poręczny

hang; hung; hung /haeng; hang; hang/ v. wieszać; zwisać; s. nachylenie

happen /'haepen/ v. zdarzać się

happily /'haepyly/ adv. szczęśliwie

happy /'haepy/ adj. szczęśliwy; zadowolony

harbor /'ha:rber/ s. przystań; port; v. gościć; chronić się

hard /ha:rd/ adj. twardy; trudny; adv. usilnie; ciężko

hardly /'ha:rdly/ adv. ledwie; prawie; z trudem; surowo

harm /ha:rm/ s. krzywda

harvest /'ha:rwyst/ s. żniwa;
zbiory; v. zbierać

haste /hejst/ s. pośpiech

hasten /hejstn/ v. spieszyć

hastily /'hejstly/ adv. pos-
piesznie

hat /haet/ s. kapelusz

hate /hejt/ s. nienawiść;
v. nienawidzieć

hatred /'hejtryd/ s. nienawiść

have; had; had /haew; haed;
haed/ v. mieć; otrzymać; zawierać; nabyć

have been /haew,bi:n/ v.
czas przeszły od "być"

have to /'haew,tu/ musieć

hay /hej/ s. siano

he /hi:/ pron. on

head /hed/ s. głowa; szef;
szczyt; v. prowadzić; kierować
/się/

headlong /'hedlong/ adv. na łeb
na szyję; na oślep

heal /hi:l/ v. leczyć /się/

health /hels̱/ s. zdrowie

healthy /helsy/ adj. zdrowy

heap /hi:p/ s. stos; v. gromadzić

hear; heard; heard /hier; he:rd; he:rd/ v. słyszeć; słuchać

heart /ha:rt/ s. serce; sedno

heartily /ha:rtly/ adv. serdecznie

heat /hi:t/ s. gorąco; upał; żar; ciepło; uniesienie; pasja; popęd płciowy /zwierząt/

heaven /'hewn/ s. niebo; raj

heavenly /'hewnly/ adj. niebieski; niebiański; boski

heavily /'hewli/ adv. ciężko; ociężale; silnie; mocno; dużo

heavy /'hewy/ adj. ciężki

height /hajt/ s. wysokość; wyniosłość; szczyt

help /help/ v. pomagać s. pomoc

helpful /'helpful/ adj. pomocny; przydatny; użyteczny

helpless /'helplys/adj. bezradny

her /he:r/ pron. ją; jej; adj. jej

here /hier/ adv. tu; tutaj; oto

hers /he:rz/ pron. jej

herself /he:r'self/ pron. sama;
sobie

hesitate /'hezytejt/ v. wahać
się

hi /haj/ excl. hej! /pozdrowie-
nie/

hide; hid; hidden /hajd; hyd;
hydn/ v. chować /się/; ukrywać /się/

high /haj/ adj. wysoki; pijany;
podniecony; adv. wysoko

highly /'hajly/ adv. wysoko;
wysoce; wielce; pomyślnie

highway /'haj'łej/ s. szosa

hill /hyl/ s. górka; wzgórze

hillside /'hyl'sajd/ s. stok

hinder /'hynder/ v. przeszkadzać; powstrzymywać

hire /hajer/ s. najem; v. wynajmować; dzierżawić

his /hyz/ pron. jego

historic /hys'toryk/ adj. histo-
ryczny

history /'hystory/ s. historia;
dzieje; przeszłość

hit; hit; hit /hyt; hyt; hyt/
v. uderzyć; utrafić; zabić;
s. uderzenie; sukces; sensacja

hold; held; held /hould; held;
held/ v. trzymać; posiadać;
zawierać; powstrzymywać;
s. chwyt; więzienie; twierdza

hole /houl/ s. dziura; nora;
v. dziurawić; przedziurawić

holiday /'holedy/ s. święto;
wakacje; urlop

hollow /'holou/ s. dziura; adj.
wklęsły; v. drążyć

holy /'holy/ adj. święty

home /houm/ s. dom; adj. domowy; adv. do domu

honest /'onyst/ adj. uczciwy;
prawy; adv. naprawdę

honesty /'onesty/ s. zacność;
prawość; uczciwość

honor /'oner/ s. cześć; cnota;
v. czcić

honorable /'onerebl/ adj.czcigod-
ny; szanowny; honorowy

hook /huk/ s. hak; v. zahaczyć

hope /houp/ s. nadzieja; v.
 mieć nadzieję

hopeful /'houpful/ adj. pełen
 nadziei; ufny; obiecujący

hopeless /'houplys/ adj. bez-
 nadziejny; zrozpaczony

horizon /he'rajzen/ s. horyzont

horse /ho:rs/ s. koń; konnica

hospital /'hospytl/ s. szpital

host /houst/ s. gospodarz; pan
 domu; żywiciel; chmara

hot /hot/ adj. gorący; palący;
 pieprzny; ostry; pobudliwy;
 adv. gorąco

hotel /hou'tel/ s. hotel

hour /'auer/ s. godzina; pora

house /haus/ s. dom; zajazd;
 teatr; v. gościć

household /'hause,hould/ s. rodzina; domownicy; adj. gospo-
 darski; domowy

housewife /'haus,łajf/ s. gospodyni /niepracująca poza domem/

how /hau/ adv. jak; jak?

however /hau'ewer/ adv. jakkolwiek; jednak; niemniej

human /'hju: men/ adj. ludzki;
s. istota ludzka

humble /hambl/ adj. pokorny;
skromny; v. poniżać

hundred /'handred/ num. sto;
setka

hunger /'hanger/ s. głód; v.
głodować; głodzić

hungry /'hangry/ adj. głodny

hunt /hant/ s. polowanie; teren
łowiecki; v. polować; gonić;
poszukiwać

hunter /'hanter/ s. myśliwy

hurry /'hary/ s. pośpiech

hurt; hurt; hurt /he:rt; he:rt;
he:rt/ v. ranić; boleć; s. ska-
leczenie; uraz

husband /'hazbend/ s. mąż

hut /hat/ s. chata; chałupa

I /aj/ pron. ja

ice /ajs/ s. lód

ice-cream /'ajskri:m/ s. lody

icy /'ajsy/ adj. lodowaty

idea /aj'die/ s. idea; pomysł

ideal /aj'diel/ adj. idealny

idle /'ajdl/ adj. bezczynny

idleness /'ajdlnys/ s. bezczyn-
ność; lenistwo; próżniactwo

if /yf/ conj. jeżeli; jeśli;
gdyby; o ile; czy

ill /yl/ adj. zły; chory; słaby; lichy; s. zło; adv. źle

illness /'ylnys/ s. choroba

imaginary /y'maedżynery/ adj.
urojony; zmyślony

imagination /y,maedży'nejszyn/
s. wyobraźnia; fantazja

imagine /y'maedżyn/ v. wyobrażać sobie

imitate /'ymytejt/ v. naśla-
dować

imitation /,ymy'tejszyn/ s. na-
śladowanie; imitacja

immediate /y'mi:djet/ adj. bezpośredni; natychmiastowy

immediately /y'mi:djetly/ adv.
natychmiast; bezpośrednio

immense /y'mens/ adj.olbrzymi

importance /ym'po:rtens/ s.
znaczenie; ważność

important /ym'po:rtent/ adj.
ważny; znaczący

improve /ym'pru:w/ v. poprawić;
udoskonalić; ulepszyć

improvement /ym'pru:wment/ s.
poprawa; udoskonalenie

in /yn/ prep. w; we; na; za; po;
do; u

in a week /'yn,e'łi:k/ exp. za
tydzień

inch /yncz/ s. cal /2.54 cm/

include /yn'klu:d/ v. zawierać;
włączać

inconvenience /,ynken'wi:njens/
s. niewygoda; kłopot; v. niepokoić; przeszkadzać

inconvenient /,ynken'wi:njent/
adj. niewygodny; kłopotliwy

incorrect /,ynke'rekt/ adj. nie-
poprawny; nieścisły; błędny

increase /yn'kri:s/ v. wzrastać;
zwiększać się; pomnażać się; s.
/'ynkri:s/ przyrost; podwyżka

indeed /yn'di:d/ adv. naprawdę;
istotnie; rzeczywiście

independence /ˌyndy'pendens/ s.
niezależność; niepodległość

independent /ˌyndy'pendent/ adj.
niepodległy; niezależny /materialnie/

indoors /'yndo:rz/ adv. w domu

industrial /yn'dastrjel/ adj.
przemysłowy

industry /'yndastry/ s. przemysł; pilność; pracowitość

inexpensive /ˌynyks'pensyw/ adj.
niedrogi; tani

infect /yn'fekt/ v. zakazić;
zarazić; zatruwać

influence /'ynfluens/ s. wpływ;
v. wywierać wpływ

influential /ˌynflu'enszel/
adj. wpływowy

inform /yn'fo:rm/ v. powiadomić; nadawać; donosić

information /ˌynfer'mejszyn/ s.
wiadomość; objaśnienie

ink /ynk/ s. atrament; tusz

inn /yn/ s. gospoda; oberża

inquire /yn'kłajer/ s. pytać
się; dowiadywać się

inquiry /yn'kłajry/ s. badanie;
śledztwo; poszukiwanie

insect /'ynsekt/ s. owad

inside /'ynsajd/ s. wnętrze;
adv. wewnątrz

instant /'ynstent/ adj. nagły;
natychmiastowy; s. moment

instantly /yn'stently/ adv.
natychmiast

instead /yn'sted/ adv. zamiast
tego; natomiast

instrument /'ynstrument/ s.
instrument; przyrząd

insult /'ynsalt/ s. zniewaga;
/yn'salt/ v. lżyć; znieważać

insurance policy /yn'szurens'-
polysy/ s. polisa ubezpiecze-
niowa

intend /yn'tend/ v. zamierzać
przeznaczać; mieć na myśli

intention /yn'tenszyn/ s. cel;
zamiar

interest /'ynteryst/ s. zainteresowanie; ciekawość; odsetki

interesting /'yntrystyng/ adj.
ciekawy; interesujący

interfere /‚ynter'fier/ v.
wtrącać się; zakłócać

interference /‚ynter'fierens/
s. wtrącanie się; zakłócenie

international /‚ynter'naeszenl/
adj. międzynarodowy

interrupt /‚ynte'rapt/ v. prze-
rywać; zasłaniać /widok/

into /'yntu:/ prep. do; w; na

introduce /‚yntre'dju:s/ v
wprowadzać /coś lub kogoś/

introduction /‚yntre'dakszyn/ s.
wstęp; wprowadzenie; włożenie

invent /yn'went/ v. wynaleźć

invention /yn'wenszyn/ s.
wynalazek; wymysł

inventor /yn'wentor/ s.
wynalazca

invitation /‚ynwy'tejszyn/ s.
zaproszenie

invite /yn'wajt/ v. zapraszać;
wywoływać; nęcić; zachęcać

inward /'ynłerd/ adj. wewnętrz-
ny; adv. wewnątrz

inwards /'ynłerds/ adv. wewnątrz

iron /'ajern/ s. żelazo; żelazko; adj. żelazny; v. prasować

irregular /y'regjuler/ adj. nie-
regularny; nierówny; niepoorzą-
dny; nielegalny

is /yz/ v. jest; zob "be"

island /'ajlend/ s. wyspa

it /yt/ pron. to; ono

its /yts/ pron. jego; jej; swój

itself /yt'self/ pron. się; siebie; sobie; sam; sama; samo

jaw /dżo:/ s. szczęka; v. glę-
dzić; gadać

jealous /'dżeles/ adj. zazdrosny

jewel /'dżu:el/ s. klejnot;
drogi kamień; v. ozdabiać

join /dżoyn/ v. łączyć; przy-
łączać /się/; przytykać do

joint /dżoynt/ v. spajać; łączyć; s. złącze; melina; adj.
wspólny; połączony

joke /dżouk/ s. żart; figiel; v.
żartować /z kogoś/

journey /'dże:rny/ v. podróżować;
s. podróż

joy /dżoj/ s. radość; uciecha

judge /dżadż/ v. sądzić; s. sędzia

judgment /'dżadżment/ s. wyrok;
opinia; ocena

juice /dżu:s/ s. sok; treść;
v. wyciskać sok; doić

jump /dżamp/ s. skok; podskok;
v. skakać

just /dżast/ adj. sprawiedliwy;
adv. właśnie; po prostu; zaledwie

justice /'dżastys/ s. sprawied-
liwość; sędzia

justly /'dżastly/ adv. słusznie

keep; kept; kept /ki:p; kept;
kept/ v. dochować; strzec; trzymać /się/; kontynuować; s. ut-
rzymanie

keep talking /'ki:p'to:kyng/
v. mówić dalej

keeper /'ki:per/ s. opiekun;
dozorca; strażnik

key /ki:/ s. klucz; v. stroić

kick /kyk/ s. kopniak v. kopać

kill /kyl/ v. zabijać

kind /kajnd/ s. rodzaj; jakość

kindly /'kajndly/ adj. życzli-
wie; adj. dobrotliwy; życzliwy

kindness /'kajndnys/ s. dobroć;
uprzejmość; życzliwość

king /kyng/ s. król

kingdom /'kyngdom/ s. królestwo

kiss /kys/ s. pocałunek; v. całować

kitchen /'kyczn/ s. kuchnia

knee /'ni:/ s. kolano

kneel; knelt; knelt /ni:l; nelt;
nelt/ v. klękać

knife /najf/ s. nóż; v. krajać

knock /nok/ s. uderzenie; puka-
nie; v. /za/pukać; uderzyć;
szturchać

knot /not/ s. węzeł /1853 m/;
v. wiązać; zawiązać; komplikować

know; knew; known /nou; nju:
noun/ v. wiedzieć; znać

knowledge /'noulydż/ s. wiedza

lack /laek/ s. brak; v. brakować

ladder /'laeder/ s. drabina

lady /'lejdy/ s. pani; dama

lake /lejk/ s. jezioro

lamp /laemp/ s. lampa; v. świecić

land /laend/ s. ziemia; grunt;
kraj; v. lądować

landlord /'laend,lo:rd/ s.
właściciel domu czynszowego

language /'laengłydż/ s. mowa;
język

large /la:rdż/ adj. wielki

largely /'la:rdżly/ adv. znacznie; hojnie; suto

last /laest/ adj. ostatni; adv.
ostatnio; v. trwać; s. kres;
wytrzymałość

late /lejt/ adj., s. późny;
zmarły; adv. późno; niegdyś

lately /'lejtly/ adv. ostatnio

latter /'laeter/ adj. końcowy

laugh /laef/ v. śmiać się; za-
śmiać się

laughter /'laefter/ s. śmiech

law /lo:/ s. prawo; ustawa; re-
guła; sądy

lawyer /'lo:jer/ s. prawnik;
adwokat

lay; laid; laid /lej; lejd;
lejd/ v. kłaść; skręcać /się/;
zaczaić się; spać z kimś; s.
położenie; układ; adj. świecki;
niefachowy

lazy /'lejzy/ adj. leniwy;
próżniaczy

lead /led/ s. ołów

lead; led; led /li:d; led; led/
v. prowadzić; kierować; dowodzić; naprowadzać; przewodzić;
s. kierownictwo; przewodnictwo;
wskazówka

leader /'li:der/ s. przywódca;
przewodnik

leadership /'li:der,szyp/ s.
przywództwo; kierownictwo

leading /'li:dyng/ adj. kierow-
niczy s. przewodnictwo

leaf /li:f/ s. liść; kartka;
pl. leaves /li:wz/

leak /li:k/ s. przeciek; v. prze-
ciekać

lean; leant; leant /li:n/ lent;
lent/ v. nachylać /się/; adj.
chudy

learn; learnt; learnt /le:rn;
le:rnt; le:rnt/ v. uczyć się

learning /'le:rnyng/ s. nauka

least /li:st/ adj. najmniejszy;
adv. najmniej; s. drobnostka

leather /'ledzer/ s. skóra; adj.
skórzany; v. pokrywać skórą

leave; left; left /li:w; left;
left/ v. zostawić; opuszczać;
odchodzić; odjeżdżać; pozosta-
wiać; s. urlop

left /left/ adj. lewy; adv. na
lewo; s. lewa strona

leg /leg/ s. noga; nóżka; pod-
pórka; odcinek

lend; lent; lent /lend; lent;
lent/ v. pożyczać; udzielać

length /lenks/ s. długość

less /les/ adj. mniejszy; adv.
mniej; s. coś mniejszego;
prep. bez

lessen /lesn/ v. zmniejszać
/się/

lesson /lesn/ s. lekcja

lest /lest/ conj. ażeby nie; że

let; let; let /let; let; let/
v. zostawić; wynajmować; dawać;
puszczać; pozwalać

letter /'leter/ s. litera; list

level /'lewl/ s. poziom; adj.
poziomy; adv. poziomo; v.
zrównywać

library /'lajbrery/ s. biblioteka; księgozbiór

lid /lyd/ s. wieko; pokrywa

lie; lay; lain /laj; lej; lejn/
v. leżeć; s. położenie

lie; lied; lied /laj; lajd; lajd/
v. kłamać; s. kłamstwo

life /lajf/ s. życie; życiorys

lift /lyft/ s. dźwig; winda; v.
podnieść; dźwignąć; kraść

light; lit; lit /lajt; lyt; lyt/
v. świecić; zapalać; ujawnić;
adj. lekki; adv. lekko

lighten /'lajtn/ v. ulżyć; zel-
żyć; oświecać; rozjaśnić się;
błyskać /się/

lightly /'lajtly/ adv. lekko;
lekceważąco

like /lajk/ v. lubieć; mieć o-
chotę; adj. podobny; adv. podobnie; w ten sam sposób; s.
drugi taki sam; rzecz podobna;
conj. jak; tak jak; w ten sposób

likely /'lajkly/ adj. możliwy;
nadający się; adv. pewnie;
prawdopodobnie

limb /lym/ s. kończyna

limit /'lymyt/ s. granica; kres;
v. ograniczać

limitation /,lymy'tejszyn/ s.
ograniczenie; zastrzeżenie

line /lajn/ s. linia; lina;
szereg; v. liniować; wyścielać

liner /'lajner/ s. samolot pasażerski; statek pasażerski

lip /lyp/ s. warga

liquid /'lykłyd/ s. płyn; adj.
płynny

list /lyst/ s. lista; spis; v.
wciągać na listę; pochylać
się; s. pochylenie

listen /'lysen/ v. słuchać

literary /'lyterery/ adj. li-
teracki

literature /'lytereczer/ s. li-
teratura; piśmiennictwo

little /lytl/ adj. mały; niski;
nieduży; adv. mało; niewiele

live /lyw/ v. żyć; mieszkać;
przeżywać; przetrwać; ocalić

lives /lajws/ pl. żywoty
zob. "life"

living /'lywyng/ s. życie; u-
trzymanie; adj. żyjący

load /loud/ s. ładunek; waga;
ciężar; obciążenie; v. ładować;obciążać; fałszować

loaf /louf/ s. bochenek; głowa
cukru; pl. loaves /louvz/

loan /loun/ s. pożyczka; v.
pożyczać

local /'loukel/ adj. miejscowy

lock /lok/ s. zamek; v. zamykać
/na klucz/

lodging /'lodżyng/ s. mieszkanie

log /log/ s. kłoda

lonely /'lounly/ adj. samotny

long /long/ adj. długi; v. tęsknić; · adv. długo; dawno

look /luk/ s. spojrzenie; wygląd;
v. patrzeć; wyglądać

look after /'luk,a:fter/ v. doglądać

look for /'luk,fo:r/ v. szukać

look forwards /'luk,fo:rłerds/
v. oczekiwać

loose /lu:s/ adj. luźny; wolny;
rzadki; sypki; s. upust; v.
obluźniać; zwalniać

loosen /lu:sn/ v. rozluźniać
/się/; obluźniać /się/

lord /lo:rd/ s. pan; władca;
Bóg; v. grać pana

lose; lost; lost /lu:z/; lost;
lost/ v. stracić; przegrać;
być pokonanym

lot /lot/ s. udział; parcela;
 grupa; zespół; adv. sporo;
 wiele; v. dzielić; losować
loud /laud/ adj. głośny; adv.
 głośno
love /law/ s. kochanie; miłość;
 v. kochać; lubić
lovely /'lawly/ adj. śliczny;
 uroczy; rozkoszny
lover /'lawer/ s. kochanek;
 miłośnik; amator czegoś
low /lou/ s. ryk /bydła/; v.
 ryczeć; adj. niski; słaby;
 przygnębiony; cichy; podły;
 adv. nisko; słabo; cicho
lower /'louer/ adj. niższy; dolny; adv. niżej; v. obniżać;
 spuszczać; ściszyć; zmniejszyć
loyal /lojel/ adj. lojalny;
 wierny
loyalty /'lojelty/ s. lojalność
lubricant /'lu:brykent/ s. smar;
 adj. smarujący; smarowniczy
luck /lak/ s. los; traf;
 szczęście

lucky /'laky/ adj. szczęśliwy

luggage /'lagydż/ s. bagaż; walizki

lump /lamp/ s. bryła; guz; v. gromadzić

lunch /lancz/ s. obiad / południowy/; v. jeść obiad

lung /lang/ s. płuco

machine /me'szi:n/ s. maszyna; v. obrabiać maszynowo

machinary /me'szi:nery/ s. maszyneria

mad /maed/ adj. szalony

mail /mejl/ s. poczta; v. wysyłać pocztą

main /mejn/ adj. główny

mainly /'mejnly/ adv. głównie

make; made; made /mejk; mejd; mejd/ v. robić s. wyrób

maker /'mejker/ s. wytwórca; sprawca; producent

male /mejl/ s. mężczyzna; samiec; adj. męski; samczy

man /maen/ s. człowiek; mężczyzna; mąż; pl. men /men/

manage /'maenydż/ v. kierować;
zarządzać; radzić sobie

management /'maenydżment/ s. zarząd; dyrekcja; posługiwanie
się; obchodzenie się

manager /'maenydżer/ s. kierownik; zarządzający; gospodarz

manhood /'maenhud/ s. męskość

mankind /,maen'kajnd/ s ludzkość; rodzaj ludzki

manner /'maener/ s. sposób; zachowanie /się/; wychowanie

manufacture /,maenju'faekczer/
v. wyrabiać; s. wyrób; produkt

manufacturer /,maenju'faekczerer/
s. wytwórca; fabrykant

many /'meny/ adj. dużo; wiele

map /maep/ s. mapa; plan; v.
planować; robić mapę

March /ma:rcz/ s. marzec

march /ma:rcz/ s. marsz; v. ma-
szerować

mark /ma:rk/ s. marka /pieniądz/
ślad; znak; oznaczenie; cel;
v. oznaczać; określać; notować

market /'ma:rkyt/ s. rynek; zbyt;
 targ; v. sprzedawać; kupować
marriage /'maerydż/ s. małżeństwo
marry /'maery/ v. poślubić; u-
 dzielać ślubu; ożenić się
mass /maes/ s. msza; masa; rze-
 sza; v. gromadzić; zrzeszać
master /'ma:ster/ s. mistrz; nauczyciel; pan; gospodarz; v.
 panować; kierować
masterpiece /'ma:sterpi:s/ s.
 arcydzieło
mat /maet/ s. mata; v. plątać;
 adj. matowy
match /maecz/ s. zapałka; lont;
 mecz; dobór; małżeństwo; v.
 swatać; dobierać
material /me'tierjal/ s. materiał; adj. materialny
matter /'maeter/ s. rzecz;
 treść; materiał; v. znaczyć;
 mieć znaczenie
May /mej/ s. maj
may /mej/ v. być może; might
 /majt/ mógłby

maybe /'mejbi:/ adv. być może;
może być

me /mi:/ pron. mi; mnie; mną;
/slang/: ja

meal /mi:l/ s. posiłek; grubo
mielona mąka

mean; meant; meant /mi:n; ment;
ment/ v. znaczyć; przypuszczać;
s. przeciętna; średnia; adj.
ubogi; marny; skąpy

meaning /'mi:nyng/ s. znaczenie; treść; adj. znaczący

meantime /'mi:ntajm/ adv.
tymczasem

meanwhile /'mi:n,hłajl/ adv.
tymczasem

measure /'meżer/ s. miara; środek; sposób; v. mierzyć; osza-
cować

meat /mi:t/ s. mięso

mechanical /my'kaenykel/ adj.
mechaniczny

medical /'medykel/ adj. lekar-
ski; medyczny

medically /'medykely/ adv. medy-
cznie

medicine /'medysyn/ s. medycyna;
lek; lekarstwo

meet; met; met /mi:t/ met; met/
v. spotykać; gromadzić; s.
spotkanie /sportowe/

meeting /'mi:tyng/ s. spotkanie;
posiedzenie; zgromadzenie; zawody

melt /melt/ s. stop; v. topić

member /'member/ s. członek

membership /'memberszyp/ s.
członkowstwo; przynależność

memorial /my'mo:riel/ s. pomnik; memoriał; petycja

memory /'memery/ s. pamięć

mend /mend/ s. naprawa; v. reperować; zaszyć

mention /'menszyn/ v. wspominać; wzmianka

merchant /'me:rczent/ s. kupiec;
handlowiec; adj. handlowy

mercy /'me:rsy/ s. miłosierdzie

mere /mjer/ adj. zwykły

merely /'mjerly/ adv. tylko; jedynie; zaledwie; po prostu

merry /'mery/ adj. wesoły;
 radosny; podochocony

mess /mes/ s. nieporządek

message /'mesydż/ s. wiadomość;
 orędzie; morał; wypowiedź

messenger /'mesyndżer/ s. po-
 słaniec; zwiastun

metal /'metl/ s. metal

middle /mydl/ s. środek; kibić;
 stan; adj. środkowy; v. składać w środku

middle aged /'mydl'ejdżd/ adj.
 w średnim wieku

middle class /'mydl,kla:s/ s.
 klasa średnia

midnight /'mydnajt/ s. północ;
 adj. północny

midway /'myd'łej/ s. połowa drogi; adv. w połowie drogi

might /majt/ s. moc; potęga;
 v. mógłby; zob: "may"

mighty /'majty/ adj. potężny;
 adv. bardzo wiele

mild /majld/ adj. łagodny

mile /majl/ s. mila; 1,609 km

milk /mylk/ s. mleko; v. doić

mill /myl/ s. młyn; v. mleć

mind /majnd/ s. umysł; pamięć; zdanie; v. pamiętać; baczyć

mine /majn/ pron. mój; moja; moje; s. kopalnia; mina; v. kopać; exploatować; minować

miner /'majner/ s. górnik

mineral /'mynerel/ s. minarał; adj. mineralny

minister /'mynyster/ s. duchowny; minister; v. stosować; udzielać

minute /'mynyt/ s. minuta

miserable /'myzerebl/ adj. nędzny; chory; marny; żałosny

misery /'myzery/ s. nędza

Miss /mys/ s. panna; panienka

miss /mys/ v. chybić; brakować; tęsknić; s. pudło

mistake /mys'tejk/ s. omyłka; v. pomylić się

misunderstanding /'mysander-'staendyng/ s. nieporozumienie

mix /myks/ v. mieszać; obcować; s. mieszanka; zamieszanie

mixture /'myksczer/ s. mieszanka; mieszanina

model /'modl/ s. model; wzór; mo-
delka; manekin; v. modelować

moderate /'moderyt/ adj. umiar-
kowany; sredni; s. człowiek u-
miarkowany /w poglądach etc./
/'moderejt/ v. powściągać;
uspokoić /się/

modern /'modern/ adj. współczesny; nowoczesny; nowożytny

modest /'modyst/ adj. skromny

moment /'moument/ s. chwila;
moment; znaczenie; motyw

money /'many/ s. pieniądze

monkey /manky/ s. małpa; v. do-
kazywać; małpować

month /mant/ s. miesiąc

monthly /'mantly/ adj. miesię-
czny; adv. miesięcznie; s.
miesięcznik

moon /mu:n/ s. księżyc

moonlight /'mu:nlajt/ s. światło księżyca; v. mieć kilka
posad równocześnie

moral /'morel/ s. morał

morality /me'raelyty/ s. moralność; moralizowanie

more /mo:r/ adv. bardziej; więcej; adj. liczniejszy

moreover /mo:'rouwer/ adv. co więcej; prócz tego

morning /'mo:rnyng/ s. rano; poranek; przedpołudnie

most /moust/ adj. największy; adv. najbardziej; najwięcej; s. największa ilość

mostly /'moustly/ adv. przeważnie; głównie; najczęściej

mother /'madzer/ s. matka

motion /'mouszyn/ s. ruch; wniosek; v. dawać znak

motor /'mouter/ s. motor; adj. ruchowy; mechaniczny; samochodowy; v. jeździć samochodem

mountain /'mauntyn/ s. góra; sterta; adj. górski; górzysty

mouse /maus/ s. mysz; pl. mice /majs/

mouth /maus/ s. usta; ujście

move /mu:w/ s. ruch v. ruszać się; wzruszać

movement /mu:wment/ s. ruch

much /macz/ adj., adv. wiele;
bardzo; dużo; sporo; niemało

mud /mad/ s. błoto; brud

multiply /'maltyplaj/ v. mnożyć /się/

murder /'me:rder/ s. mord; mor-
derstwo; v. mordować

music /'mju:zyk/ s muzyka

musical /'mju:zykel/ adj. muzyczny; muzykalny; s. komedia
lub film muzyczny

musician /'mju:zyszen/ s. muzyk

must /mast/ v. musieć; adj. konieczny; s. stęchlizna; szał

my /maj/ pron. mój

myself /maj'self/ pron. ja sam

mysterious /mys'tierjes/ adj.
tajemniczy

mystery /'mystery/ s. tajemnica

nail /nejl/ s. gwóźdź; paznokieć; pazur; v. przybijać

name /nejm/ s. imię; nazwa;
nazwisko; v. nazywać

namely /'nejmly/ adv. mianowicie

narrow /'naerou/ adj. wąski;
ciasny; ograniczony; s. prze-
smyk; cieśnina; v. zwężać
nation /'nejszyn/ s. naród;
kraj; państwo
national /'naeszenl/ adj. naro-
dowy; państwowy; s. członek
narodu; obywatel; ziomek
native /'nejtyw/ adj. rodzinny;
miejscowy; wrodzony; s. tubylec
natural /'naeczrel/ adj. natural-
ny; przyrodzony; nieślubny
naturally /'naeczrely/ adv. na-
turalnie
nature /'nejczer/ s. natura;
przyroda; usposobienie; rodzaj
near /nier/ adj. bliski; adv.
blisko; v. zbliżać się
nearly /'nierly/ adv. prawie;
blisko; oszczędnie; skąpo
neat /ni:t/ adj. schludny;
zgrabny; trafny; elegancki
necessary /'nesysery/ adj. konieczny; potrzebny
neck /nek/ s. szyja; v.pieścić

need /ni:d/ s. potrzeba; bieda;
v. potrzebować; musieć

needle /ni:dl/ s. igła

neglect /ny'glekt/ v. zaniedbywać; s. zaniedbanie

neighbor /'nejber/ s. sąsiad

neighborhood /'nejberhud/ s. są-
siedzi; sąsiedztwo; okolica

neither /'ni:dzer/ pron., adj.
żaden /z dwóch/; ani jeden ani
drugi; ani ten ani tamten;
conj. też nie

nephew /'newju:/ s. siostrze-
niec; bratanek

nest /nest/ s. gniazdo; v. gnie-
ździć się

net /net/ adj. czysty; netto;
s. siatka; sieć; v. łowić sie-
cią; zarobić na czysto

never /'newer/ adv. nigdy;
chyba nie; wcale; ani nawet

new /nju:/ adj. nowy; świeży

news /nju:z/ s. wiadomości

newspaper /'nju:s,pejper/ s.
dziennik /gazeta/

next /nekst/ adj. następny; naj-
 bliższy; adv. następnie

nice /najs/ adj. miły; sympatyczny; przyjemny; uprzejmy

night /najt/ s. noc; wieczór

noble /noubl/ adj. szlachetny;
 szlachecki; s. szlachcic

nobody /'noubedy/ s. nikt

noise /'nojz/ s. hałas; zgiełk

noisy /'nojzy/ adj. hałaśliwy

none /non/ pron. nikt; żaden;
 nic; adv. wcale nie

nonsense /'nonsens/ s. niedo-
 rzeczność; nonsens; głupstwo

noon /nu:n/ s. południe

nor /no:r/ conj. też nie

north /no:rs/ adv. na północ;
 s. północ; adj. północny

northern /'no:rdzern/ adj. północny

northward /'no:rsłerd/ adj.
 północny; adv. na północ

northwest /'no:rs'łest/ adj.
 północno-zachodni

nose /nouz/ s. nos v. węszyć

not /not/ adv. nie

not a /not ej/ adv. żaden

note /nout/ s. nuta; notatka; banknot; v. zapisywać; zauważać

nothing /'nasyng/ s. nic; drobiazg; adv. nic; nie

notice /'noutys/ v. zauważyć; s. zawiadomienie; uwaga

noticeable /'noutysebl/ adj. godny uwagi; widoczny

now /nał/ adv. teraz; conj. skoro; s. chwila obecna

nowadays /'nałe,dejz/ adv. obecnie; s. obecne czasy

nowhere /'nouhłer/ adv. nigdzie

nude /nju:d/ adj. nagi; s. człowiek nagi; nagość; akt

nuisance /'nju:sns/ s. zawada; osoba sprawiająca zawadę

number /'namber/ s. liczba; numer; v. liczyć; numerować

numerous /'nju:meres/ adj. liczny; obfity

nurse /ne:rs/ s. pielęgniarka

oar /o:r/ s. wiosło; v. wiosłować

obedient /e'bi:djent/ adj. posłuszny

obey /e'bej/ v. słuchać; być
posłusznym

object /'obdżykt/ s. przedmiot;
cel; dopełnienie; v. zarzucać
coś; być przeciwnym

objection /eb'dżekszyn/ s. zarzut; sprzeciw; przeszkoda

observation /,obzer'wejszyn/
s. obserwacja; uwaga

observe /eb'ze:rw/ v. obserwować; zauważać; robić uwagi

occasion /e'kejżyn/ s. sposobność; okazja; v. powodować

occasional /e'kejżenl/ adj.
przypadkowy; okazyjny

occasionally /e'kejżenly/ adv.
od czasu do czasu; nieraz

ocean /'ouszen/ s. ocean

odd /od/ adj. nieparzysty; dziwny; bez pary

of /ow/ prep. od; z; o; w

off /of/ adv. od; z; na boku;
  precz; zdala; przy
offend /e'fend/ v. obrażać; wy-
  stępować przeciw /np. prawu/
offer /'ofer/ s. oferta; v. ofia-
  rować /się/; oświadczyć /się/
office /'ofys/ s. biuro; urząd
officer /'ofyser/ s. urzędnik;
  oficer; policjant
official /e'fyszel/ s. urzędnik;
  adj. urzędowy; oficjalny
often /'o:fn/ adv. często
oil /ojl/ s. olej; v. oliwić
O.K., okay /'ou'kej/ adv. w porządku; tak adj. bardzo dobry;
  s. zgoda; v. zaaprobować /slang/
old /ould/ adj. stary; dawny
old-fashioned /'ould'faeszend/
  adj. staromodny; staroświecki
omit /ou'myt/ v. opuszczać; po-
  mijać; zaniedbywać
on /on/ prep. na; ku; przy; nad;
  u; po; adv. dalej; przed siebie;
  naprzód
on to /'ontu/ exp. na; do

once /łans/ adv. raz; nagle; naraz;zaraz; kiedyś; conj. raz

one /łan/ num. jeden; adj. pierwszy; pojedyńczy; jedyny; pewien; pron. ten; który; ktoś

only /'ounly/ adj. jedyny; adv.
tylko; ledwo; dopiero; conj.
tylko

open /'oupen/ adj. otwarty; dos-
tępny; jawny; v. otworzyć

openly /'oupnly/ adv. otwarcie

operate /'operejt/ v. działać;
pracować; operować

operation /,ope'rejszyn/ s. o-
peracja; działanie; czynności

opinion /e'pynjen/ s. pogląd;
opinia; zdanie

opportunity /,oper'tju:nyty/
s. sposobność

oppose /e'pouz/ v. przeciwsta-
wiać; sprzeciwiać się

opposite /'epezyt/ adj. prze-
ciwny; przeciwległy; adv. na
przeciwko

oppression /e'preszyn/ s. ucisk

or /o:r/ conj. lub; albo; czy;
ani; inaczej; czyli

orange /'oryndż/ s. pomarańcza;
adj. pomarańczowy

order /'o:rder/ s. rozkaz; przekaz; szyk; stan; order; zamówienie; v. rozkazać; zamawiać

ordinary /'o:rdnry/ adj. zwyczajny; zwykły; przeciętny

organ /'o:rgen/ s. narząd; organ;
organy

organization /,o:rgenaj'zejszyn/
s. organizacja; organizowanie

organize /'o:genajz/ v. organi-
zować

origin /'orydżyn/ s. pochodzenie;
początek

original /e'rydżynel/ adj. oryginalny; początkowy; s. oryginał

originally /e'rydżynly/ adv.
początkowo

ornament /'o:rnament/ s. ozdoba;
v. ozdabiać

other /'adzer/ pron. inny; drugi; adv. inaczej

otherwise /'adzerłajz/ adv.
 inaczej; poza tym; skądinąd

ought /o:t/ v. powinien; trzeba
 żeby; należy

our /'aur/ adj. nasz

out /aut/ adv. na zewnątrz;
 precz; poza; na dworze; poza
 domem

out of /'autow/ adv. z; bez;
 poza

outbreak /'autbrejk/ s. wybuch
 /np. wojny/

outcome /'autkam/ s. wynik

outdoors /'aut'do:rz/ adj. na
 wolnym powietrzu; s. wolna
 przestrzeń

outer /'auter/ adj. zewnętrzny

outlet /'autlet/ s. wylot; rynek zbytu; wyjście; ujście

outline /'autlajn/ s. zarys; v.
 konturować; szkicować

outside /'aut'sajd/ s. strona
 zewnętrzna; adj. zewnętrzny;
 adv. zewnątrz

outward /'autłeŕd/ adj. zewnętrzny; s. strona zewnętrzna

over /'ouwer/ prep. na; po; w;
przez; ponad; nad; powyżej;
adv. na drugą stronę; po powierzchni; całkowicie; od początku;
zbytnio; znowu

overcome /,ouwer'kam/ v. pokonać

overlook /,ouwer'luk/ v. przeo-
czyć; nadzorować

owe /oł/ v. być winnym; zawdzięczać

own /ołn/ v. mieć; posiadać;
adj. własny

owner /'ołner/ s. właściciel

pack /paek/ s. pakunek; tłumok;
okład; kupa; v. pakować

package /'paekydż/ s. pakunek;
paczka

page /pejdż/ s. stronnica; karta; paź; goniec

pain /pejn/ s. ból; trud; v.
zadawać ból; boleć

painful /'pejnful/ adj. bolesny

paint /pejnt/ s. farba; v. malować

painter /'pejnter/ s. malarz

painting /'pejntyng/ s. obraz

pair /peer/ s. para; stadło; v.
dobierać do pary

pale /pejl/ s. pal; adj. blady;
v. blednąć

pan /paen/ s. patelnia; gęba;
kra; v. udawać się; krytykować

paper /'pejper/ s. papier; gazeta; rozprawa naukowa; adj.
papierowy

pardon /'pa:rdn/ s. ułaskawie-
nie; przebaczenie; v. przebaczać

parent /'peerent/ s. ojciec;
matka; pl. rodzice

park /pa:rk/ s. park; v. parkować

part /pa:rt/ s. część; rola;
strona; v. rozchodzić się; rozdzielać

particular /'per'tykjuler/ adj.
szczególny; szczegółowy; specjalny; dziwny; niezwyczajny;
ostrożny; s. szczegół; fakt

particularly /per,tykju'laerly/
adv. osobliwie; szczególnie

partly /'pa:rtly/ adv. częściowo

party /'pa:rty/ s. partia; przyjęcie towarzyskie; towarzystwo;
grupa; strona; uczestnik; osob-
nik

pass /pa:s/ s. przełęcz; odnoga
rzeki; przepustka; bilet; u-
mizg; v. przechodzić; mijać;
przewyższać; podawać; umierać

passage /'paesydż/ s. przejście;
przejazd; przelot; upływ

passenger /'paesyndżer/ s. pasażer; pasażerka

past /pa:st/ adj. przeszły; prep.
za; obok; po; przed; adv. obok;
s. przeszłość

path /pa:s/ s. ścieżka; tor

patience /'pejszens/ s cierpliwość; pasjans

patient /'pejszent/ adj. cierpliwy; wytrwały; s. pacjent

patriotic /,paetry'otyk/ adj.
patriotyczny

pattern /'paetern/ s. próbka;
wzór; cecha charakterystyczna;
v. wzorować; modelować

pause /po:z/ s. przerwa; pauza;
 v. robić przerwę; wahać się

pay; paid; paid /pej; peid; peid/
 v. płacić; udzielać /uwagi/; o-
 płacać /się/; s. płaca; pobory;
 adj. płatny

payment /'pejment/ s. wypłata

peace /pi:s/ s. pokój; spokój

peaceful /'pi:sful/ adj. spokojny; pokojowy

pearl /pe:rl/ s. perła

peculiar /py'kju:ljer/ adj.
 szczególny; dziwny; osobliwy

pen /pen/ s. pióro; ogrodzenie;
 v. pisać

pencil /pensl/ s. ołówek; v. rysować; pisać

penny /'peny/ s. cent; grosz;
 pl. pennies /'penyz/; Br. pl.
 pence /pens/

people /pi:pl/ s. ludzie; ludność; v. zaludniać

pepper /'peper/ s. pieprz; pap-
 ryka; v. pieprzyć; kropić; v.
 dać lanie

per /pe:r/ prep. przez; za; na;
 według; co do

perfect /'pe:rfykt/ adj. doskonały; zupełny; v. udoskonalić

perfection /per'fekszyn/ s.
 doskonałość; udoskonalenie

perfectly /'pe:rfyktly/ adv.
 doskonale

perform /per'fo:rm/ v. wykonywać odgrywać; spełniać

performance /per'fo:rmens/ s.
 przedstawienie; wykonanie

perhaps /per'haeps, praeps/ adv.
 może; przypadkiem

permanent /'pe:rmenent/ adj.
 trwały

permit /per'myt/ s. pozwolenie;
 v. pozwalać

person /'pe:rson/ s. osoba

personal /'pe:rsenel/ adj. o-
 sobisty; s. wiadomość osobista

personally /'pe:rsenly/ adv.
 osobiście

persuade /pe:r'słejd/ v. przekonywać; namawiać

pet /pet/ s. ulubieniec; adj.
 ulubiony; v. pieścić
photograph /'foute,gra:f/ s.
 fotografia; v. fotografować
pick /pyk/ v. wybierać krytykować; dłubać; kraść; s. kilof;
 dłuto; wybór
picture /'pykczer/ s. obraz;
 film; v. przedstawiać; opisy-
 wać; wyobrażać sobie
piece /pi:s/ s. kawałek; cześć;
 utwór; v. łączyć; łatać
pig /pyg/ s. wieprz; świnia
pile /pail/ s. stos; sterta;
 kupa; pal; v. gromadzić
pin /pyn/ s. szpilka; sztyft;
 v. przyszpilić; przymocować
pinch /pynch/ v. szczypać;
 gnieść; s. uszczypnięcie
pink /pynk/ s. różowy kolor
pint /pajnt/ s. półkwarcie;
 0,47 litra
pipe /pajp/ s. rura; przewód;
 v. doprowadziś rurami; grać
 na fujarce

pity /'pyty/ s. litość; współczucie; szkoda; v. litować się; współczuć; żałować kogoś

place /plejs/ s. miejsce; miejscowość; v. umieszczać; położyć

plain /plejn/ adj. wyraźny; prosty; gładki; adv. jasno; wyraźnie; s. równina

plan /paen/ s. plan; v. planowć; zamierzać

plant /pla:nt/ s. roślina; fabryka; v. zasadzać

plate /plejt/ s. talerz; płyta

play /plej/ s. gra; zabawa; v. grać; bawić się

player /'plejer/ s. gracz; muzyk; aktor; zawodnik

pleasant /'plesnt/ s. przyjemny

please /pli:z/ v. podobać się

please! /pli:z/ v. proszę

pleasure /'pleżer/ s. przyjemność; adj. rozrywkowy

plenty /'plenty/ s. obfitość; mnóstwo; adv. zupełnie

plough /plau/ s. pług; v. orać

plural /'plu:rel/ s. liczba
mnoga; adj. mnogi

pocket /'pokyt/ s. kieszeń; v.
wkładać do kieszeni

pocketbook /'pokyt,buk/ s. notes

poet /pouyt/ s. poeta

point /point/ s. punkt; ostry
koniec; sedno; v. zaostrzać;
wskazywać

poison /'pojzn/ s. trucizna;
v. truć; zatruć; zakazić

police /pe'li:s/ s. policja;
v. rządzić; pilnować

policeman /pe'li:smen/ s. policjant

Polish /'poulysz/ adj. polski
/język/

polish /'polysz/ v. polerować;
s. pasta do butów

polite /pe'lajt/ adj. grzeczny;
uprzejmy; kulturalny

political /pe'lytykel/ adj.
polityczny

politics /'polytyks/ s. polityka

pool /pu:l/ s. kałuża; pływalnia; v. składać się razem

poor /puer/ adj. biedny; ubogi; lichy; marny; słaby

popular /'popjuler/ adj. ludowy; popularny /tani/

popularity /,popju'laeryty/ s. popularność

population /'popjulejszyn/ s. ludność

position /pe'zyszyn/ s. położenie; postawa; v. umieszczać

possess /pe'zes/ v. posiadać

possession /pe'zeszyn/ s. posiadanie; posiadłość; własność

possibility /pose'bylyty/ s. możliwość; możność

possible /'posebl/ adj. możliwy; ewentualny

possibly /'posebly/ adv. może; możliwie

post /poust/ s. słup; posterunek; poczta; v. ogłaszać

postal /'poustel/ adj. pocztowy

post-office /'poust,ofys/ s.
poczta

postpone /poust'poun/ v. odłożyć; odroczyć; odwlekać

pot /pot/ s. garnek; czajnik;
haszysz

pound /paund/ s. funt /pieniądz,
waga/; v. tłuc

pour /po:r/ v. wysypać; lać /się/

poverty /'powerty/ s. ubóstwo

powder /'pałder/ s. proch; puder; pudrować; proszkować

power /'pałer/ s. potęga; siła;
v. napędzać

powerful /'pałerful/ adj. potężny; mocny

practical /'praektykel/ adj.
praktyczny

practically /'praektykly/ adv.
prawie; praktycznie; właściwie

practice /'praektys/ s. praktyka;
v. praktykować; ćwiczyć

practise /'praektys/ v. = practice

praise /prejz/ s. pochwała;
v. chwalić; sławić

pray /prej/ v. modlić się;
 prosić; błagać
prayer /'prejer/ s. modlitwa;
 prośba
preach /pri:cz/ v. głosić; kazać
preacher /pri:czer/ s. kaznodzie-
 ja
precious /'preszes/ adj. drogi;
 cenny; adv. bardzo; niezwykle
prefer /pry'fe:r/ v. woleć
prejudice /'predżudys/ s. up-
 rzedzenie; v. uprzedzać do
 kogoś
preparation /,prepe'rejszyn/ s.
 przygotowanie; przyrządzanie
prepare /pry'peer/ v. przygotowywać /się/; szykować /się/
presence /'presens/ v. obecność
present /'preznt/ s. prezent;
 teraźniejszość; adj. obecny
preserve /pry'ze:rw/ v. zachowy-
 wać; chronić; s. konserwa
president /'prezydent/ s. prezydent
presidential /'prezydenczjal/
 adj. prezydencki; jak prezydent

press /pres/ s. prasa; dzienniki;
tłocznie; ścisk; v. ściskać;
naglić; tłoczyć

pressure /'preszer/ s. ciśnie-
nie; napór; parcie

pretend /pry'tend/ v. udawać;
pretendować

pretty /'pryty/ adj. ładny;
adv. dość; dosyć

prevent /pry'went/ v. zapobiec;
powstrzymywać

price /prajs/ s. cena; koszt

pride /prajd/ s. duma; chluba

priest /pri:st/ s. kapłan

print /prynt/ s. ślad; druk;
fotka; v. wydrukować

prison /pryzn/ s. więzienie

prisoner /'pryzner/ s. więzień

private /'prajwyt/ adj. prywatny; tajny; s. szeregowiec

prize /prajz/ v. cenić; s. nagroda; premia; wygrana

probability /proba'bylyty/ s.
prawdopodobieństwo

probably /'probebly/ adv. prawdopodobnie; przypuszczalnie

problem /'problem/ s. problem;
zadanie; zagadnienie

process /'prouses/ s. przebieg;
postęp; v. załatwiać

produce /pre'dju:s/ v. wytwa-
rzać; produkować

product /'predakt/ s produkt;
wynik; iloczyn

production /pre'dakszyn/ s. wy-
twórczość; wydobycie; utwór

profession /pre'feszyn/ s. zawód;
wyznanie; oświadczenie

professional /pre'feszenl/ s.
zawodowiec; adj. zawodowy

profit /'profyt/ s. zysk; dochód; v. korzystać

program /'prougraem/ s. program;
plan; v. planować

progress /'prougres/ s. postęp

promise /'promys/ s. obietnica;
v. obiecywać; zaręczać

prompt /prompt/ adj. szybki;
natychmiastowy; v. nakłaniać

pronounce /pre'nauns/ v. oświad-
czać; wymawiać

proof /pru:f/ s. dowód; próba;
odbitka; adj. odporny; wypró-
bowany

proper /'proper/ adj. właściwy;
własny; odpowiedni

properly /'properly/ adv. właściwie; słusznie; przyzwoicie

property /'property/ s. własność

proposal /pre'pouzel/ s. propo-
zycja; projekt; oświadczyny

propose /pre'pouz/ v. proponować; przedkładać; zamierzać

protect /pre'tekt/ v. chronić

protection /pre'tekszyn/ s. o-
chrona; opieka; protekcja

proud /praud/ adj. dumny

prove /pru:w/ v. udowadniać;
poddawać próbie; okazywać się

provide /pre'wajd/ v. zaopatrywać; przygotowywać

provide for /pre'wajd,fo:r/ v.
zaspokajać potrzeby

public /'pablyk/ s. publiczność;
adj. publiczny; obywatelski

pull /pul/ v. pociągnąć; szarpnąć; wyrwać; wyciągnąć

pump /pamp/ s. pompa; v. pompować

punish /'panysz/ v. karać

punishment /'panyszment/ s. kara

pupil /'pju:pl/ s. źrenica; uczeń; wychowanek

puppet /'papyt/ s. marionetka

purchase /'pe:rczes/ s. zakup; kupno; v. kupić

pure /pjuer/ adj. czysty

purely /pjuerly/ adv. czysto; zupełnie

purpose /'pe:rpes/ s. cel; zamiar; v. zamierzać

push /pusz/ s. pchnięcie; suw; nacisk; v. pchać; posunąć

put; put; put /put; put; put/ v. kłaść; wlewać; s. rzut

puzzle /pazl/ s. zagadka

qualified /'kłolyfajd/ adj. wykwalifikowany; uwarunkowany

quality /'kłolyty/ s. jakość; gatunek; właściwość; zaleta

quantity/'kłontyty/ s. ilość;
 wielkość; hurt; obfitość
quarrel /'kło:rel/ s. kłótnia;
 zerwanie; v. kłócić się
quarter /'kło:ter/ v. ćwiarto-
 wać; kwaterować; s.ćwierć;
 dzielnica
queen /kłi:n/ s. królowa
question /'kłesczyn/ s. pytanie;
 v. badać; pytać się
quick /kłyk/ adj. szybki; bystry; adv. szybko; v. przyspieszać;
quickly /'kłykly/ adv. szybko
quiet /'kłajet/ adj. spokojny;
 cichy; s. spokój; cisza
quietly /'kłajetly/ adv. spo-
 kojnie; cicho
quite /kłajt/ adv. całkowicie;
 zupełnie; raczej; wcale
race /rejs/ s. rasa; rodzaj;
 bieg; v. ścigać się
radio /'rejdjou/ s. radio
rail /rejl/ s. poręcz; szyna;
 v. przewozić koleją

railing /'rejlyng/ s. sztache-
ty; ogrodzenie; poręcz

railroad /'rejlroud/ s. kolej; v.
przewozić koleją

railway /'rejlłej/ s. kolej

rain /rejn/ s. deszcz; v. pada
deszcz

raise /rejz/ v. podnosić; s.
podwyżka /płac/

rank /raenk/ s. ranga; stan;
adj. wybujały; zjełczały;
v. zaszeregować

rapid /'raepyd/ adj. prędki;
szybki; bystry; stromy

rapidly /'raepydly/ adv. szybko; bystro; stromo

rare /reer/ adj. rzadki

rarely /raerly/ adv. rzadko

rat /raet/ s. szczur; łamistrajk

rate /rejt/ s. stopa; stosunek;
cena; stawka; v. szacować; o-
ceniać; ustalać

rather /'raedzer/ adv. raczej;
chętniej; dość; nieco

raw /ro:/ adj. surowy

ray /rej/ s. promień; promyk

razor blade /'rejzer'blejd/ s.
żyletka

reach /ri:cz/ v. sięgnąć; s. zasięg

read; read; read /ri:d; red;
red/ v. czytać; tłumaczyć

reader /'ri:der/ s. czytelnik

ready /'redy/ adj., adv. gotowy;
v. przygotowywać

real /ryel/ adj. prawdziwy; rzeczywisty; realny; istotny

reality /ry'aelyty/ s. rzeczywistość; realizm; prawdziwość

realize /'ry:e,lajz/ v. urzeczy-
wistnić; realizować; uprzytam-
niać; zdawać sobie sprawę

really /'ryely/ adv. rzeczywiście; naprawdę; doprawdy; faktycznie; istotnie

reason /'ri:zn/ s. rozum; powód;
rozsądek; v. rozumować

reasonable /'ri:znebl/ adj. ro-
zumny; rozsądny; słuszny

receipt /ry'si:t/ s. pokwitowa-
nie; odbiór; recepta

receive /ry'si:w/ v. otrzymywać;
dostawać; przyjmować /np. gości/

recent /'ri:snt/ adj. niedawny

reckless /'reklys/ adj. /niebez-
piecznie/ lekkomyślny

recognition /,rekeg'nyszyn/ v.
rozpoznanie; uznanie

recognize /'rekeg,najz/ v. roz-
poznawać; pozdrowić uznawać

recommend /reke'mend/ v. polecać

record /'reko:rd/ v. zapisywać;
notować; s. zapis;   nagranie;
rekord

red /red/ adj. czerwony; rudy;
s. czerwień

Red Cross /red kros/ s. Czerwony Krzyż

reduce /ry'dju:s/ v. zmniejszać
/się/; chudnąć; ograniczać

reduction /ry'dakszyn/ s. zmniejszenie; obniżka

refer /ry'fe:r/ v. odsyłać; po-
wiązywać; skierować

reference /'refrens/ s. odnośnik;
aluzja; referencja; stosunek

reflect /ry'flekt/ v. odbijać;
 odzwierciedlać; rozmyślać

reflection /ry'flekszyn/ s. od-
 bicie; zarzut; namysł

refresh /ry'fresz/ v. odświeżyć

refusal /ry'fju:zel/ s. odmowa

refuse /ry'fju:z/ v. odmawiać;
 adj. odpadowy; s. odpadki

regard /ry'ga:rd/ v. spoglądać;
 dotyczyć; s. wzgląd; szacunek

regardless /ry'ga:rdlys/ adv.
 w każdym razie; adj. nie zwa-
 żający; bez względu

regret /ry'gret/ s. ubolewanie;
 żal; v. żałować czegoś

regular /'regjuler/ adj. regularny; stały; zawodowy; poprawny; przepisowy

regularly /'regjulerly/ adv.
 regularnie; stale

rejoice /ry'dżojs/ v. cieszyć
 się; weselić się

relate /ry'lejt/ v. opowiadać;
 referować; łączyć się

related /ry'lejtyd/ adj. bliski

relation /ry'lejszyn/ s. sprawozdanie; stosunek; pokrewieństwo

relative /'reletyw/ adj. względny; zależny; adv. odnośnie; s. krewny

relief /ry'li:f/ s. ulga

relieve /ry'li:w/ v. ulżyć /sobie/

religion /ry'lydżyn/ s. religia

religious /ry'lydżes/ adj. pobożny

remain /ry'mejn/ v. pozostawać

remark /ry'ma:rk/ v. zauważyć; zrobić uwagę; s. uwaga

remedy /'remydy/ s. lekarstwo; v. leczyć; zaradzać

remember /ry'member/ v. pamiętać

remind /ry'majnd/ v. przypominać

repair /ry'peer/ v. naprawiać; s. naprawa

repeat /ry:'pi:t/ v. powtarzać /się/; s. powtórzenie

replace /ry'plejs/ v. zastępować; oddawać; wymienić

reply /ry'plaj/ v. odpowiadać;
s. odpowiedź

report /ry'po:rt/ v. opowiadać;
zdawać sprawę; referować; s.
sprawozdanie; opinia

reporter /ry'po:rter/ s. dziennikarz; sprawozdawca; reporter

represent /,repry'zent/ v. przedstawiać; reprezentować

representative /,repry'zente-
tyw/ adj. reprezentujący; s.
przedstawiciel

reproduce /,rypre'du:s/ v. od-
twarzać; rozmnażać

republic /ry'pablyk/ s. repu-
blika; rzeczpospolita

reputation /,repju'tejszyn/ s.
reputacja; sława; dobre imię

request /ry'kłest/ s. prośba;
v. prosić o pozwolenie

rescue /'reskju:/ v. ratować;
s. ratunek

reserve /ry'ze:rw/ v. zastrze-
gać; zarezerwować; s. rezerwa

resign /ry'zajn/ v. zrzekać się

resist /ry'zyst/ v. opierać
się; powstrzymywać się

resistance /ry'zystens/ s. opór

responsibility /rys,ponse'by-
lyty/ s. odpowiedzialność

responsible /rys'ponsebl/ adj.
odpowiedzialny /wobec; przed/

rest /rest/ s. odpoczynek; reszta; v. odpoczywać

restaurant /'resterent/ s. restauracja

restroom /'rest,rum/ s. ustęp;
toaleta

result /ry'zalt/ s. rezultat;
wynik; v. dawać w wyniku

retire /ry'tajer/ v. wycofać
/się/; iść na spoczynek

retirement /ry'tajerment/ s.
przejście w stan spoczynku;
ustronie; wycofanie

return /ry'te:rn/ v. wracać;
obracać w; oddawać; odwzajem-
nić; odpowiedzieć; wybrać;
s. powrót; nawrót; dochód

revenge /ry'wendż/ s. zemsta;
v. zemścić się

review /ry'wju:/ v. przeglądać;
 pisać recenzje; s. recenzja
reward /ry'ło:rd/ s. nagroda
rice /rajs/ s. ryż
rich /rycz/ adj. bogaty; obfity;
 pełny; tłusty /np. pokarm/
rid; rid; ridded /ryd; ryd;
 'rydyd/ v. uwalniać się od;
 pozbywać się; adj. wolny
ride; rode; ridden /rajd; roud;
 rydn/ v. pojechać; jechać; s.
 jazda; droga
right /rajt/ adj. prawy; adv. w
 prawo; na prawo; prosto; dobrze; s. prawa strona; prawo;
 dobro; v. naprawić; sprosto-
 wać; odpłacać
rightly /'rajtly/ adv. spra-
 wiedliwie; słusznie
ring; rang; rung /ryng; raeng;
 rang/ v. dzwonić; telefonować;
 s. dzwonek; telefonowanie
ripe /rajp/ adj. dojrzały
ripen /rajpn/ v. dojrzewać;
 przyspieszać dojrzewanie

rise; rose; risen /rajz; rouz;
ryzn/ v. ponieść się; wstawać; s. wschód; podwyżka

risk /rysk/ s. ryzyko; v. nara-
żać się; ryzykować

rival /'rajwel/ s. rywal;
współzawodnik; v. rywalizować

river /'rywer/ s. rzeka

road /roud/ s. droga

roar /ro:r/ v. ryczeć; s. ryk

roast beef /'roust,bi:f/ s.
pieczeń wołowa

rob /rob/ v. grabić; rabować

rock /rok/ s. kamień; skała;
kołysanie; v. kołysać się

rod /rod/ s. pręt /=5,03m/; róz-
ga; drąg; wędka

roll /roul/ s. rolka; zwój; spis;
wałek; walec; kołysanie /się/;
v. toczyć; wałkować

roof /ru:f/ s, dach

room /rum/ s. pokój; miejsce;
wolna przestrzeń; powód

root /ru:t/ s. korzeń; sedno;
v. posadzić; ryć; szperać

rope /roup/ s. sznur; lina;
stryczek; v. związać

rough /raf/ adj. szorstki; nieo-
krzesany; adv. ostro; szorstko;
s. nierówny teren; v. być szor-
stkim; szkicować

roughly /'rafly/ adv. szorstko;
w przybliżeniu

round /raund/ adj. okrągły;
adv. wkoło; kołem; dookoła;
prep. dookoła; s. koło; krąg;
v. zaokrąglać

row /roł/ s. szereg; rząd; jazda łodzią; v. wiosłować

royal /'rojel/ adj. królewski

rub /rab/ v. trzeć; nacierać;
s. tarcie; nacieranie

rubber /'raber/ s. guma; masa-
żysta; pl. kalosze

rude /ru:d/ adj. szorstki; niegrzeczny; ostry; surowy

rug /rag/ s. kilim; dywan

ruin /ruyn/ s. ruina; v. rujnować /się/; zniszczyć /się/

rule /ru:l/ s. przepis; prawo;
rządy; miarka; v. rządzić

ruler /'ruler/ s. władca

run; ran; ran /ran; raen;
raen/ v. biegać; pędzić; działać; uciekać; prowadzić; spotykać; s. bieg; przebieg; roz-
bieg; okres; wybieg; tor

rush /rasz/ v. pędzić; poganiać;
ponaglać; s. pęd; ruch

rust /rast/ s. rdza; v. rdzewieć

sacred /'sejkryd/ adj. poświę-
cony; nienaruszalny

sacrifice /'saekryfajs/ s. ofiara; v. ofiarowywać

sad /saed/ adj. smutny; bolesny

saddle /saedl/ s. siodło; v.
siodłać; obarczać

safe /sejf/ adj. pewny; bez-
pieczny; s. schowek /bankowy/

safety /'sejfty/ s. bezpieczeństwo; zabezpieczenie

sail /sejl/ s. żagiel; v. żaglo-
wać

sailor /'sejlor/ s. żeglarz;
marynarz

sake /sejk/ s. czyjeś dobro;
wzgląd

salary /'saelery/ s. pensja
sale /sejl/ s. sprzedaż
salesman /'sejlsmen/ s. sprzedawca
salt /so:lt/ s. sól; adj. słony; v. solić
same /sejm/ adj. ten sam; taki
sam; jednostajny; adv. tak samo
pron. to samo
sample /'sa:mpl/ s. próbka
sand /saend/ s. piasek
satisfaction /,saetys'faekszyn/
s. zadowolenie; satysfakcja
satisfactory /,saetys'faektery/
adj. zadawalający; odpowiedni
satisfy /'saetys,faj/ v. zaspo-
koić; spełnić; przekonywać
sauce /so:s/ s. sos
sausage /'sosydż/ s. kiełbasa
save /sejw/ v. ratować; oszczędzać; prep. oprócz; wyjąwszy;
poza; conj. że; poza tym; chyba że; z wyjątkiem
saw; sawed; sawn /so:; so:d;
so:n/ v. piłować; s. piła

say; said; said /sej; sed; sed/
v. mówić; powiedzieć

scale /skejl/ s. skala; łuska;
v. wyłazić; mierzyć; ważyć

scar /ska:r/ s. blizna

scarce/skeers/ adj. rzadki;
niewystarczający

scarcely /'skeersly/ adv. zaledwie; ledwo; z trudem

scatter /'skaeter/ v. rozpraszać
/się/; rozsypywać

scene /si:n/ s. scena; widok; o-
braz; awantura

scent /sent/ v. węszyć; s. zapach; nos /węch/; perfumy

school /sku:l/ s. szkoła; nauka;
adj. szkolny; v. kształcić

science /'sajens/ s. wiedza;
nauka; umiejętność

scientific /'sajentyfyk/ adj.
naukowy; umiejętny

scientist /'sajentyst/ s. uczo-
ny; przyrodnik; naukowiec

scissors /'syzez/ s. nożyce

scold /skould/ v. besztać

scorn /sko:rn/ s. lekceważenie;
v. lekceważyć; gardzić

scrape /skrejp/ s. skrobanie;
v. skrobnąć; drasnąć

scratch /skraecz/ s. draśnięcie;
v. drapać /się/

screen /skri:n/ s. zasłona; ekran; sito; v. zasłaniać; sortować

screw /skru:/ s. śruba; śmigło;
v. przyśrubować; naciskać

sea /si:/ s. morze; fala

seaman /'si:men/ s. marynarz

search /se:rcz/ s. poszukiwanie; v. badać; dociekać

seaside /'si:sajd/ s. wybrzeże
morskie

season /'si:zn/ s. pora roku;
sezon; v. zaprawiać; okrasić

seat /si:t/ s. siedzenie; sie-
dziba; v. posadzić; usadowić

second /'sekend/ adj. drugi;
drugorzędny; v. poprzeć; se-
kundować; s. sekunda; chwila

secondly /'sekendly/ adv. po
drugie

secret /'si:kryt/ adj. tajny;
s. tajemnica; sekret

secretary /'sekretry/ s. sekre-
tarz; sekretarka; sekretarzyk

see; saw; seen /si:, so:, si:n/
v. zobaczyć; widzieć; ujrzeć;
zauważyć; spostrzegać; zwiedzać; zrozumieć; odwiedzać;
dążyć; dopilnować

see off /'si:,of/ v. odprowadzać

seed /si:d/ v. zasiewać; s. na-
sienie; zarodek

seem /si:m/ v. zdawać się; robić
wrażenie; okazywać się; mieć
wrażenie

seize /si:z/ v. uchwycić

seldom /'seldem/ adv. rzadko

self /self/ prefix. samo;
pron. sam; s. jaźń; własne
dobro

selfish /'selfysz/ adj. samo-
lubny; egoistyczny

sell; sold; sold / sel; sould;
sould/ v. sprzedawać

sell out /'selaut/ v. wyprzeda-
wać

seller /'seler/ s. sprzedawca

send; sent; sent /send; sent; sent/ v. posyłać; nadawać

sense /sens/ s. zmysł; sens; v. wyczuwać; czuć; rozumieć

sensible /'sensybl/ adj. rozsądny; świadomy; przytomny

sentence /'sentens/ s. zdanie; wyrok; v. skazywać

separate /'seperejt/ v. rozłączyć; odseparować /się/

separate /'sepryt/ adj. odrębny; oddzielny; osobny

separation /,sepe'rejszyn/ s. separacja; rozdzielenie

serious /'sierjes/ adj. poważny

seriously /'sierjesly/ adv. poważnie

servant /'se:rwent/ s. służący

serve /se:rw/ s. służyć

service /'se:rwys/ s. służba; urząd; uprzejmość; pomoc; serwis; v. doglądać

service-station /'se:rwys-'stejszyn/ s. stacja obsługi

set; set; set /set; set; set/
v. stawiać; umieszczać; nastawiać; osadzać; ustalać; nakry-
wać; składać; okrzepnąć; adj.
zastygły; nieruchomy; stały;
s. seria; skład; komplet; zespół; zachód; układ; twardnie-
nie; rozstęp
settle /setl/ v. osiedlić /się/;
uspokoić /się/; układać /się/
settlement /'setlment/ s. osiedle; osada; osiadanie
settler /'setler/ s. osadnik
several /'sewrel/ adj. kilku;
kilka; kilkoro; różny
severe /sy'wier/ adj. surowy;
ostry; dotkliwy; zacięty
sew; sewed; sewn /sou; soud;
soun/ v. szyć; uszyć
shade /szejd/ s. cień; abażur;
stora; v. zasłaniać
shadow /'szaedou/ s. cień
/czyjś/; v. pokrywać cieniem;
śledzić kogoś

shake; shook; shaken /szejk;
szuk; szejken/ v. potrząsać;
dygotać; s. dygotanie; dresz-
cze; drżenie

shall /szael/ v. będę; będziemy;
musisz; musi; muszą /zrobić/

shallow /'szaelou/ s. mielizna;
adj. płytki; v. spłycać

shame /szejm/ s. wstyd; v. wsty-
dzić /się/

shape /szejp/ v. kształtować;
s. kształt; postać; model

share /szeer/ s. udział; v.
dzielić /się/; podzielać

sharp /sza:rp/ adj. ostry; bystry; chytry; adv. punktualnie;
szybko

shave /szejw/ v. golić /się/;
strugać; s. golenie

she /szi:/ pron. ona

sheep /szi:p/ pl. owce

sheet /szi:t/ s. arkusz; prześcieradło; gazeta

shelf /szelf/ s. półka; rafa;
mielizna; pl. shelves /szelwz/

shell /szel/ s. łupina; skorupa; muszla; łuska; pocisk

shelter /'szelter/ s. schronienie; v. chronić; osłaniać

shield /szi:ld/ s. tarcza; osłona; v. osłaniać; ochraniać

shine; shone; shone; /szajn; szon; szon/ v. zabłyszczeć; jaśnieć; s. blask

ship /szyp/ s. okręt; statek; samolot; v. załadować; posyłać

shipment /'szypment/ s. załadunek; przesyłka; fracht

shirt /sze:rt/ s. koszula

shock /szok/ s. wstrząs; cios; v. wstrząsnąć; porazić

shoe; shod; shod /szu:; szod; szod/ v. obuwać; podkuć; s. but; półbucik; podkowa

shoot; shot; shot /szu:t; szot; szot/ v. strzelić; zastrzelić; zrobić zdjęcie; s. polowanie

shop /szop/ s. sklep; pracownia; zakład; v. robić zakupy

shore /szo:r/ s. brzeg; wybrzeże

short /szo:rt/ adj. krótki; adv.
krótko; nagle; s. skrót; zwarcie

shortly /'szo:rtly/ adv. wkrótce; niebawem

should /szud/ v. trub warunkowy
od shall /zob. "shall"/

shoulder /'szoulder/ s. ramię;
pobocze; v. rozpychać się

shout /szałt/ s. krzyk; wrzask;
v. krzyczeć; wykrzykiwać

show /szou/ v. pokazywać /się/;
s. wystawa; przedstawienie;
pokaz

shower /'szałer/ s. tusz; prysznic; przelotny deszcz; grad;
stek; v. przelotnie kropić;
obsypywać; oblewać

shut /szat/ v. zamykać /się/;
adj. zamknięty

shut down /'szat,dałn/ s. zam-
knięcie; wstrzymanie pracy;
v. zamykać; /o zakładzie/ sta-
nąć

sick /syk/ adj. chory

side /sajd/ s. strona; adj. u-
boczny; v. stać na stronie
sight /sajt/ s. wzrok; widok;
celownik; v. zobaczyć
sign /sajn/ s. znak; wywieszka;
v. znaczyć
signal /'sygnl/ s. sygnał; znak;
v. sygnalizować; dawać znak
silence /'sajlens/ s. milczenie;
cisza; v. nakazywać milczenie
silent /'sajlent/ adj. milczący
silk /sylk/s. jedwab; adj. jed-
wabny
silver /'sylwer/ s srebro; v.
posrebrzać; adj. srebrny
simple /'sympl/ adj. prosty;
naiwny; zwyczajny
simplicity /sym'plysyty/ s.
prostota
simply /'symply/ adv. po prostu
since /syns/ adv. odkąd; odtąd;
potem; temu; conj. skoro; ponieważ; od czasu jak
sincere /syn'sier/ adj. szczery

sing; sang; sung /syng; saeng;
sang/ v. śpiewać; s. śpiew

single /'syngl/ adj. pojedyńczy; samotny; s. gra pojedyń-
cza; v. wybierać

sink; sank; sunk /synk; saenk;
sank/ v. zatonąć; zatopić; zagłębić się; obniżyć; ukrywać;
wyryć; s. zlew; ściek

sir /se:r/ s. pan; v. nazywać
panem; exp. proszę pana!

sit; sat; sat /syt; saet; saet/
v. siedzieć; obradować

situation /,sytu'ejszyn/ s. położenie; posada; sytuacja

size /sajz/ s. wielkość; v. sortować według wielkości; nadawać się

skill /'skyl/ s. wprawa

skillful /'skylful/ adj. zręczny; wprawny

skin /skyn/ s. skóra; cera

skirt /ske:rt/ s. spódnica

sky /skaj/ s. niebo; klimat

Slav /sla:v/ adj. słowiański

slave /slejw/ adj. niewolniczy;
s. niewolnik; v. harować

slavery /'slejwery/ s. niewol-
nictwo

sleep; slept; slept / sli:p;
slept; slept/ v. spać; s. sen

slide; slid; slid /slajd; slyd;
slyd/ v. suwać /się/; ślizgać
/się/; s. ślizganie się; poślizg; przezrocze

slight /slajt/ adj. wątły; nie-
znaczny; v. lekceważyć

slightly /slajtly/ adv. z lekka;
lekko; nieco

slip /slyp/ v. poślizgnąć /się/;
s. poślizg; błąd; halka

slope /sloup/ s. pochyłość; zbo-
cze; v. być pochylonym; pochylać; adj. pochyły

slow /sloł/ adj. powolny; adv.
powoli; v. zwalniać

slowly /słołly/ adv. powoli; po-
mału

small /smo:l/ adj. mały; drobny;
adv. drobno; s drobna rzecz

smell; smelt; smelled /smel;
smelt; smeld/ v. pachnieć; po-
czuć; s. węch; zapach; woń; o-
dór; smród

smile /smajl/ v. uśmiechać się;
uśmiech

smoke /smouk/ s. dym; palenie;
v. dymić; palić /tytoń/

smoker /'smouker/ s. palący; pa-
lacz

smooth /smu:s/ adj. gładki; v.
gładzić; adv. gładko; s. wygła-
dzenie

snake /snejk/ s. wąż; v. wić
się; wlec /za sobą/

sneeze /sni:z/ v. kichać; s. ki-
chnięcie

snooze /snu:z/ s. drzemka; v.
drzemać; zdrzemnąć się

snore /sno:r/ v. chrapać; s.
chrapanie

snow /snou/ s. śnieg; /slang/:
kokaina; heroina ; v. ośnieżyć;
śnieg pada; zasypać śniegiem

snowy /'snoły/ adj. śnieżny

so /sou/ adv. tak; a więc; w takim razie; a zatem; też; tak samo; bardzo; to; także; excl. to tak! no, no!

so-called /sou-ko:ld/ adj. tak zwany /nieprawdziwy/

soap /soup/ s. mydło; pochlebstwo; v. mydlić /się/; adj. mydlany

social /'souszel/ adj. społeczny; s. zebranie towarzyskie

society /so'sajety/ s. towarzystwo; społeczeństwo

soft /soft/ adj. miękki; łagodny; bezalkoholowy

soften /softn/ v. zmiękczyć

soil /sojl/ s. gleba; ziemia; brud; v. zabrudzić

soldier /'souldżer/ s. żołnierz; adj. żołnierski; v. służyć w wojsku

solemn /'solem/ adj. uroczysty

solid /'solyd/ adj. stały; lity; s. ciało stałe; bryła

solidarity /,soly'daeryty/ s. solidarność

solution /so'ljuszyn/ s. roztwór;
 rozwiązanie /problemu/
solve /solw/ v. rozwiązywać
some /sam/ adj. jakiś; pewien;
 trochę; kilka; niektóre; sporo;
 adv. niemało; mniej więcej; ja-
 kieś; pron. niektórzy; kilka
somebody /'sambedy/ pron. ktoś
somehow /'samhał/ adv. jakoś
something /'samsyng/ s. coś;
 adv. trochę; nieco
sometimes /'samtajmz/ adv. niekiedy; czasem; czasami
somewhat /'samhłot/ adv. nieco;
 do pewnego stopnia; niejaki
son /san/ s. syn
song /song/ s. pieśń; śpiew
son-in-law /'san,ynlo:/ s. zięć
soon /su:n/ adv. wnet; niebawem; wkrótce; zaraz; niedługo
sore /so:r/ adj. bolesny; dot-
 knięty; adv. srodze; bardzo;
 s. bolące miejsce
sorrow /'sorou/ s. zmartwienie;
 smutek; v. martwić się

sort /so:rt/ s. rodzaj; gatunek;
 v. sortować
soul /soul/ s. dusza
sound /saund/ s. dźwięk; adj.
 zdrowy; v. brzmieć
soup /su:p/ s. zupa
sour /'sauer/ adj. kwaśny; cier-
 pki; v. kisnąć; kwasić się
south /sauś/ adj. południowy;
 adv. na południe
southern /'sadzern/ adj. południowy; s. południowiec
sow; sowed; sown /sou; soud;
 soun/ v. siać
space /spejs/ s. przestrzeń;
 v. robić odstępy; rozstawiać
spade /spejd/ s. łopata
spare /speer/ v. oszczędzać;
 adj. zapasowy; s. część zapa-
 sowa; koło zapasowe
speak; spoke; spoken /spi:k;
 spo:k; 'spoken/ v. mówić; przemawiać
speaker /'spi:ker/ s. mówca;
 głośnik; przewodniczący

special /'speszel/ adj. specjalny; s. wydanie nadzwyczajne

specially /'speszely/ adv. spe-
cjalnie; szczególnie

speech /spi:cz/ s. mowa

speed; sped; sped /spi:d/ sped;
sped/ v. pośpieszyć; pędzić;
s. szybkość; prędkość; bieg

spell; spelled; spelt /spel;
speld; spelt/ v. przeliterować;
znaczyć; sylabizować; urzec;
odpoczywać; s. chwila; okres;
czar

spend; spent; spent /spend;
spent; spent/ v. wydawać /np.
pieniądze/; spędzać /czas/;
tracić /np. siły/

spill; spilled; spilt /spyl;
spyld; spylt/ v. rozlewać /się/;
rozsypywać /się/; wygadać /się/;
s. rozlanie; rozsypanie

spin; spun; span /spyn; span;
spaen/ v. snuć; prząść; toczyć
na tokarni; zawirować; s. krę-
cenie /się/; zawirowanie; prze-
jażdżka

spirit /'spyryt/ s. duch; umysł;
 zjawa; odwaga; v. zachęcać;
 ożywiać; rozweselać
spit; spat; spat /spyt; spaet;
 spaet/ v. pluć; lekceważyć;
 pryskać; s. plucie; ślina
spite /spajt/ s. złość; uraz;
 złośliwość; v. zrobić na złość;
 in spite of = wbrew; pomimo
splendid /'splendyd/ adj.
 wspaniały; świetny; doskonały
split; split; split /splyt;
 splyt; splyt/ v. łupać; oddzielać /się/; odchodzić; s. pęknięcie; rozszczepienie
spoil; spoilt; spoiled /spojl;
 spojlt; spojld/ v. psuć się
spoon /spu:n/ s. łyżka
sport /spo:rt/ s. sport; zawody;
 zabawa; rozrywka; sportowiec;
 /slang/: człowiek dobry; v. bawić się; uprawiać sport; popi-
 sywać się
spot /spot/ s. plama; v. plamić
 /się/; adj. gotówkowy; dorywczy

spread; spread; spread /spred;
spred; spred/ v. rozpościerać
/się/; pokrywać; s. rozpiętość;
zasięg

spring; sprang; sprung /spryng;
spraeng; sprang/ v. skakać;
pękać; s wiosna; skok; sprężyna; źródło; adj. wiosenny;
sprężynowy; źródlany

square /skłeer/ s. kwadrat; kątownik; adj. prostokątny; uczciwy; v. podnosić do kwadratu;
adv. w sedno; rzetelnie; wprost

staff /staef/ s. laska; sztab;
adj. sztabowy; v. obsadzać
personelem

stage /stejdż/ s. scena; etap;
v. urządzać; adj. sceniczny

stain /stejn/ v. plamić /się/;
s. plama; barwnik

stair /steer/ s. stopień; pl.
schody

stair case /'ster,kejs/ s.
klatka schodowa

stamp /staemp/ v. stemplować;
s. znaczek

stand; stood; stood /staend;
stud; stud/ v. stać; wytrzymać;
zostać; stawiać opór; być; postawić; s. stanowisko; stojak;
postój; umywalka

standard /'staenderd/ s. sztandar; norma; wzorzec; adj.typowy

star /sta:r/ s. gwiazda; v. być
gwiazdorem; adj. gwiezdny

start /sta:rt/ v. zacząć; ruszyć;
startować; s. początek; start

state /stejt/ s. państwo; stan;
adj. państwowy; stanowy; uroczysty; v. stwierdzać; wyrażać

statement /'stejtment/ s. twierdzenie; oświadczenie; deklaracja

statesman /'stejsmen/ s. mąż sta-
nu

station /'stejszyn/ s. stacja;
stanowisko; v. umieszczać

stay /stej/ s. pobyt; zatrzymanie; v. zostać; przebywać

steadily /'stedyly/ adv. mocno;
stale; pewnie

steady /'stedy/ adj. pewny; stały; axcl.: powoli! prosto!

steal; stole; stolen /sti:l;
 stoul; stoulen/ v. kraść; za-
 kradać się; s. kradzież
steam /sti:m/ s. para; v. parować
steamer /'sti:mer/ s. parowiec
steel /sti:l/ s. stal; adj. sta-
 lowy
steep /sti:p/ v. moczyć /się/;
 adj. stromy
steer /stier/ v. sterować; prowadzić; s. wół·
stem /stem/ s. pień; łodyga;
 trzon; v. pochodzić; tamować
step /step/ s. krok; stopień;
 v. stąpać; kroczyć; wzmagać
stick; stuck; stuck /styk;
 stak; stak/ v. wtykać; kłuć;
 naklejać; s. patyk; laska;
 żerdź
stiff /styf/ adj. sztywny; twardy; zdrętwiały; s. umrzyk
still /styl/ adj. spokojny; cichy; adv. jeszcze; jednak;
 wciąż; dotąd; v. uspokoić /się/
 uciszyć; s. cisza

sting; stung; stung /styng;
stang; stang/ v. kłuć; parzyć;
szczypać; palić; rwać; s. żąd-
ło; ukłucie; uszczypliwość
stir /ste:r/ v. ruszać; s. poru-
szenie
stock /stok/ s. zapas; bydło;
pień; ród; v. zaopatrywać;
adj. typowy; seryjny
stocky /'stoky/ adj. krępy
stomach /'stamek/ s. żołądek;
ochota; v. jeść
stone /stoun/ s. kamień; adj.
kamienny; v. ukamieniować
stony /'stouny/ adj. kamienny;
kamienisty; skamieniały
stop /stop/ v. zatrzymywać /się/;
s. stop; postój
store /'sto:r/ s. zapas; sklep;
v. magazynować
storm /sto:rm/ s. burza; wichura;
zawierucha; v. szaleć
stormy /'sto:rmy/ adj. burzliwy;
zwiastujący burzę
story /'sto:ry/ s. opowiadanie

stove /stouw/ s. piec
straight /strejt/ adj. prosty;
szczery; s. linia prosta;
adv. prosto; ciągiem
strange /strejndż/ adj. obcy;
dziwny; nieznany; niewprawny
stranger /'strejndżer/ s. obcy
strap /straep/ s. rzemień; pasek; taśma; uchwyt; rączka
straw /stro:/ s. słoma
stream /stri:m/ s. strumień;
prąd; v. ociekać tryskać
street /stri:t/ s. ulica
strength /strenks/ s. siła
stretch /strecz/ v. rozciągać
/się/ s. napięcie; obszar
strict /strykt/ adj. ścisły;
dokładny; zupełny; surowy
strictly /stryktly/ adv. ściśle;
dokładnie; surowo
strike; struck; stricken /strajk;
strak; strykn/ v. uderzać;
kuć; zastrajkować; s. strajk
string /stryng/ v. zawiązać;
przywiązać; s. sznurek

strip /stryp/ v. obnażać; rozbierać /się/; s. pasek

stripes /strajps/ pl. paski;
prążki; naszywki; cięgi

stroke /strouk/ s. uderzenie;
porażenie; v. znaczyć; głaskać

strong /strong/ adj. mocny;
silny; solidny

struggle /stragl/ v. szarpać
się; walczyć; s. walka

study /'stady/ s. pracownia;
v. badać; uczyć się

stuff /staf/ v. napychać /się/;
s. materiał; rzecz

stupid /'stu:pyd/ adj. głupi;
nudny; s. głupiec

subject /'sabdżykt/ s. podmiot;
przedmiot; treść; v. podporzą-
dkować; adj. poddany; uległy;
adv. pod warunkiem

substance /'sabstens/ s. istota; treść; substancja

subway /'sabłej/ s. kolejka
podziemna

succeed /sek'si:d/ v. udawać
się; następować po kimś

success /sek'ses/ s. powodzenie;
sukces; rzecz udana

successful /sek'sesful/ adj.
udały; mający powodzenie

successfully /sek'sesfuly/ adv.
z powodzeniem

such /sacz/ adj. taki; tego ro-
dzaju; pron. taki; tym podobny

suddenly /'sadnly/ adv. nagle

suffer /'safer/ v. cierpieć;
doznać; tolerować

sugar /'szuger/ s. cukier;
v. słodzić

suggest /se'dżest/ v. sugero-
wać; proponować; nasuwać

suit /su:t/ v. dostosować; odpowiadać; służyć; pasować; s.
garnitur; ubranie; skarga;
prośba; zaloty; zestaw

Summer /'samer/ s. lato;
v. spędzać lato

sun /san/ s. słońce; v. nasło-
neczniać /się/

sunshine /'sanszajn/ s. blask
słońca; pogoda; wesołość

supper /'saper/ s. kolacja;
wieczerza

supply /se'plaj/ s. zapas;
zaopatrzenie; podaż; v. dos-
tarczać; zaopatrywać

support /se'po:rt/ s. utrzyma-
nie; podpora; v. utrzymywać;
podpierać; popierać

suppose /se'pouz/ v. przypuszczać; sądzić

sure /szuer/ adj. pewny; adv.
z pewnością; napewno

surely /'szuerly/ adv. pewnie;
z pewnością

surface /se:rfys/ s. powierzchnia; v. wypływać na powierzch-
nię

surprise /ser'prajz/ s. niespodzianka; zdziwienie; v. zaskoczyć; adj. nieoczekiwany

surrender /se'render/ s. podda-
nie się; v. poddawać się

surround /se'raund/ v. otaczać

suspect /ses'pekt/ v. podejrzewać; /'saspekt/ adj. podejrzany

suspicion /ses'pyszyn/ s. po-
dejrzenie; v. podejrzewać

swallow /'słolou/ v. połykać;
s. łyk; kęs; jaskółka

swear; sware; sworn /słeer;
sło:r; sło:rn/ v. przysięgać;
poprzysiąc; kląć

sweat /słet/ s. pot; harówka; v.
pocić się; harować

sweep; swept; swept /słi:p;
słept; słept/ v. zamiatać; o-
czyszczać; rozciągać się; śmigać; s. zamiatanie; zdobycie;
śmieci; zasięg

sweet /słi:t/ adj. słodki; miły;
łagodny; zakochany

sweetly /słi:tly/ adv. słodko;
rozkosznie; łagodnie

swell; swollen; swelled /słel;
słoulen; słeld/ v. puchnąć;
rozdymać; wzbierać; s wydęcie;
wzbieranie

swim; swam; swum /słym; słaem;
słam/ v. płynąć; przepłynąć;
pławić; s. pływanie; nurt /ży-
cia/

swindle /słyndl/ s. oszustwo;
v. oszukiwać

swing; swung; swang /słyng;
słang; słaeng/ v. huśtać się;
wahać /się/; machać; s. huśta-
nie /się/

sword /so:rd/ s. miecz; szabla

sympathetic /,sympe'tetyk/ adj.
współczujący; życzliwy

sympathy /'sympety/ s. współczucie; solidarność; sympatia

system /'systym/ s. system

table /tejbl/ s. stół; tablica;
tabela; adj. stołowy

tail /tejl/ s. ogon; tył; poślad-
ki; v. śledzić

tailor /'tejler/ s. krawiec;
v. szyć odzież

take; took; taken /tejk; tuk;
tejkn/ v. brać ; wziąć; łapać;
zerwać;pić; jeść; odczuwać;
zrobić zdjęcie; godzić się
/na traktowanie/; iść /za przy-
kładem/; s. połów; zdjęcie; wpły-
wy /do kasy/

talk /to:k/ v. mówić; rozmawiać;
s. rozmowa; plotka

tall /to:l/ adj. wysoki

tame /tejm/ v. oswajać; poskra-
miać; adj. oswojony

tap /taep/ v. stuknąć; s. czop;
kurek; zawór

taste /tejst/ s. smak; v. smakować; kosztować

tax /taeks/ s. podatek; obciążenie; v. opodatkować; obciążać

taxi /'taeksy/ s. taksówka; v.
jechać taksówką; dowozić

tea /ti:/ s. herbata; herbatka

teach; taught; taught /ti:cz;
to:t; to:t/ v. uczyć /się/

teacher /ti:czer/ s. nauczyciel

team /ti:m/ s. zespół; zaprzęg;
v. zaprzęgać

tear; tore; torn /teer; to:r;
to:rn/ v. drzeć /się/; s. roz-
darcie; łza

tease /ti:z/ v. drażnić; nudzić;
s. dokuczanie; nudziarstwo

tedious /'ti:dies/ adj. nudny

telegraph /'telygra:f/ s. telegraf

telephone /'telyfoun/ s. telefon; v. telefonować

television /'telywyżyn/ v. telewizja

tell; told; told /tel; tould;
tould/ v. mówić; opowiadać;
wiedzieć; donieść; skarżyć;
odróżniać

temper /'temper/ s. usposobienie;
humor; v. hartować

temperature /'tempereczer/ s.
temperatura; ciepłota

temple /'templ/ s. świątynia;
skroń; ucho od okularów

tempt /tempt/ v. kusić; nęcić

tend /tend/ v. skłaniać się;
zmierzać; służyć; doglądać

tendency /'tendensy/ s. skłon-
ność; tendencja

tender /'tender/ adj. delikatny;
czuły; v. oferować; założyć;
s. oferta

tent /tent/ s. namiot

term /teːrm/ s. okres; czas trwa-
nia; v. określać; nazywać

terrible /'terybl/ adj. straszli-
wy; straszny; okropny

terribly /'terybly/ adv. strasz-
nie; okropnie

test /test/ s. próba; v. sprawdzać; poddawać próbie

than /dzaen/ conj. niż; od

thank /taenk/ v. dziękować; s.
podziękowanie; dzięki

thank you /'taenkjuː/ exp.
dziękuję

that /daet/ adj., pro. pl.
those /dzous/; tamten; ten;
ów; pl. tamci; ci; owi; adv.
tylu; tyle; conj. że; żeby;
aby; skoro

the /przed samogłoską dy; przed
spółgłoską de; z naciskiem dyː/
przyimek określony rzadko kiedy
tłumaczony: ten; ta; to;
pl. ci; te; ten właśnie, etc.
adv. tym; im...tym

theater /'tieter/ s. teatr

theirs /dzeers/ pron. /dzierżaw-
czy/ ich

them /dzem/ /od "they"/ im; nimi;
nich

then /dzen/ adv. wtedy; wówczas;
po czym; potem; następnie; później; zatem; zaraz; poza tym;
ponadto; conj. a więc; no to;
wobec tego; ale przecież; adj.
ówczesny; s. przedtem; uprzed-
nio; dotąd; odtąd

there /dzeer/ adv. tam; w tym;
co do tego; oto; własnie; s.
to miejsce

therefore /'dzeer,fo:r/ adv.
dlatego; zatem; więc

these /di:z/ pl. od this

they /dżej/ pl. pron. oni; one;
/ci; którzy/

thick /tyk/ adj. gruby; gęsty;
adv. gęsto; grubo; tępo

thickness /'tyknys/ s. grubość

thief /ti:f/ s. złodziej; pl.
thieves /ti:ws/

thin /tyn/ adj. cienki; rzadki;
szczupły; v. rozcieńczać

thing /tyng/ s. rzecz; przedmiot

think; thought; thought /tynk; to:t; to:t/ v. myśleć; rozważać; wymyślić; uważać za; rozwiązywać

thirst /te:rst/ s. pragnienie; żądza; v. pragnąć

thirsty /'te:rsty/ adj. spragniony; żądny; suchy

this /tys/ adj., pron. pl. these /ti:z/ ten; ta; to; tak; w ten sposób; tyle; obecny; bieżący; adv. tak; tak daleko; tyle; tak dużo

thorn /'to:rn/ s. kolec; v. kłuć

thorough /terou/ adj. dokładny; zupełny; adv. na wskroś

thoroughly /te:rouly/ adv. zupełnie; dokładnie; całkowicie

those /douz/ pl. od "that"

though /tou/ conj. chociaż; choćby; gdyby; adv. a jednak

thought /to:t/ v. zob. "think"; s. myśl; pomysł

thoughtful /'to:tful/ adj. zamyślony; zadumany; rozważny

thread /tred/ s. nić; nitka;
gwint; v. nawlekać

threaten /tretn/ v. grozić

throat /trout/ s. gardło

through /tru:/ prep. przez; po-
przez; po; wskroś; na wylot;
adv. na wskroś; adj. przeloto-
wy; skończony

throw; threw; thrown /trou:;
tru:; troun/ v. rzucać; powa-
lić; s. rzut; ryzyko; narzuta

thumb /tam/ s. kciuk; v. kartko-
wać; brudzić palcami

thunder /'tander/ s. grzmot;
v. grzmieć

thus /tas/ adv. tak; w ten sposób; tak więc; a zatem

ticket /'tykyt/ s. bilet; kwit;
v. zaopatrywać w bilet

tide /tajd/ s. przypływ i od-
pływ morza; fala; okres

tie /taj/ v. wiązać; przywiązać;
sznurować; s. węzeł; krawat

tiger /'tajger/ s. tygrys

tight /tajt/ adj. ciasny; na-
pięty; adv. ciasno; mocno

till /tyl/ prep. aż do; dopiero; dotąd; uprawiać /ziemię/;
s. szufladka

time /tajm/ s. czas; pora; raz;
v. obliczać czas; excl.: czas!

tin /tyn/ s. cyna; blacha; bla-
szanka; adj. blaszany; v. cy-
nować

tip /typ/ s. koniec; szpic; napiwek; v. przechylać /się/;
dać napiwek

tire /'tajer/ v. męczyć /się/;
nudzić /się/; s. opona

tired /'tajerd/ adj. zmęczony;
znużony; znudzony

title /tajtl/ s. tytuł

to /tu:; tu/ prep. do; aż do;
ku; przy: w stosunku do; w porównaniu z; w stosunku jak;
stosownie do; dla; wobec

tobacco /te'baekou/ s. tytoń

today /te'dej/ adv. dzisiaj;
dziś; s. dzień dzisiejszy

toe /tou/ s. palec u nogi;
szpic; v. kopnąć; podporządko-
wać się

together /te'gedzer/ adv. razem; wspólnie; naraz; równocześnie

tomorrow /te'mo:rou/ s., adv.
jutro

ton /tan/ s. tona /2000 funtów/

tongue /tan/ s. język; mowa;
ozór; v. dotykać językiem

tonight /te'najt/ s. dziś wieczór; dzisiejsza noc

too /tu:/ adv. tak; także; ponadto; zbyt; za; na dodatek

tool /tu:l/ s. narzędzie; ob-
rabiarka; v. obrabiać

tooth /tu:s/ s. ząb; pl. teeth
/ti:s/

top /top/ s. wierzchołek;
szczyt; adj. najwyższy; v.
przewyższać

torture /'to:rczer/ s. tortura;
męka; v. torturować; męczyć

total /'total/ adj. całkowity;
totalny; v. zliczyć

touch /tacz/ v. dotykać; wzruszać /się/; s. dotyk

tough /taf/ adj. twardy; trudny;
adv. trudno; s. człowiek trudny;
łobuz; chuligan

tour /tuer/ s. objazd; wycieczka; tura; v. objeżdżać; obwozić

tourist /'tueryst/ s. turysta

towards /to:rdz; 'tołerdz/ prep.
ku; w kierunku; dla; w celu

towel /'tauel/ s. ręcznik

tower /'tauer/ s. wieża; v.
wznosić /się/; sterczeć

town /tałn/ s. miasto

toy /toj/ s. zabawka; v. bawić
się; robić niedbale

track /traek/ s. tor; ścieżka;
ślad; v. tropić; zabłocić

trade /trejd/ s. rzemiosło; handel; wymiana; v. handlować

trader /'trejder/ s. handlowiec;
statek handlowy

traffic /'traefyk/ s. ruch /ko-
łowy, telefoniczny etc./

trail /trejl/ v. powlec /się/;
pozostawać w tyle; s. szlak;
ścieżka; trop; koleina

train /trejn/ v. szkolić; trenować /się/; s. pociąg

traitor /'trejtor/ s. zdrajca

translate /traens'lejt/ v. przetłumaczyć; przełożyć

translation /traens'lejszyn/ s. tłumaczenie; przekład

trap /traep/ s. pułapka; v. złapać w pułapkę

travel /traewl/ v. podróżować; s. podróż

tray /trej/ s. taca ; szufladka

treasure /'treżer/ s. skarb; zaskarbiać

treasury /'treżery/ s. urząd skarbowy; skarbiec

treat /tri:t/ v. traktować; uważać /za/; leczyć; s. uczta

tree /tri:/ s. drzewo

tremble /trembl/ v. trząść się; dygotać; s. drżenie

trend / trend/ s. dążność; v. dążyć

trial /'trajel/ s. próba; proces; adj. próbny

tribe /trajb/ s. plemię; szczep

trick /tryk/ s. podstęp; chwyt; v. oszukać; okpić

trip /tryp/ s. podróż; wycieczka; potknięcie; v. podtknąć się

trouble /trabl/ s. kłopot; niepokój; v. martwić się

trousers /'trauzez/ pl. spodnie

truce /tru:s/ s. rozejm; zawieszenie broni

truck /trak/ s. ciężarówka; v. przewozić wozem

true /tru:/ adj. prawdziwy; lojalny; s. prawda; v. regulować; exp.: to jest prawda!

truly /'tru:ly/ adv. prawdziwie

trunk /trank/ s. pień; kufer

trust /trast/ s. zaufanie; v. ufać; wierzyć

truth /tru:s̪/ s. prawda

truthful /'tru:s̪ful/ adj. prawdomówny; prawdziwy /np. opis/

try /traj/ v. probować; sprawdzać; starać /się/; s. próba

tub /tab/ s. balia; wanna; kąpiel; v. wsadzać do wanny; prać

tube /tju:b/ s. rura; wąż; dętka; tubka; tunel /metra/

tuition /tju'yszyn/ s. czesne; nauczanie;/płatne/ lekcje

tune /tu:n/ s. melodia; v. stroić; dostroić

tune in /'tu:n,yn/ v. nastawiać /radio etc./

tune up /'tu:n,ap/ v. ustawiać zapłon w silniku samochodowym

turkey /'te:rky/ s. indyk

turn /te:rn/ v. odwrócić /się/; skręcać /się/; nawracać /się/; s. obrót; z kolei; tura; zakręt; punkt zwrotny

turn back /'te:rn,baek/ v. zawrócić z drogi

turn off /'te:rn,of/ v. zakręcić /kurek/; wyłączyć /światło/

turn on /'te:rn,on/ v. puszczać /wodę/; włączać /światło/; odkręcać /kurek/

twice /tłajs/ adv. dwa razy

twin /tłyn/ s. bliźniak

twist /tłyst/ v. skręcać /się/;
 s. skręt; obrót

two /tu:/ num. dwa; s. dwójka

type /tajp/ s. typ; wzór; okaz;
 v. pisać na maszynie

typical /'typykel/ adj. typowy;
 charakterystyczny

tyre /'tajer/ s. opona; obręcz;
 v. zakładać oponę

ugly /'agly/ adj. brzydki

ultimate /'altymyt/ adj. ostateczny; s. ostateczny wynik

umbrella /am'brela/ s. parasol

unable /'an'ejbl/ adj. nie-
 zdolny; nieudolny

unacceptable /'ane'kseptebl/
 adj. nie do przyjęcia

unarmed /'an'a:rmd/ adj. bez-
 bronny; nieuzbrojony

unbutton /'an'batn/ v. odpiąć

uncle /'ankl/ s. wujek; stryjek

unconscious /an'kouszes/ adj.
 nieprzytomny; zemdlony

unconsciousness /anˈkonszesnys/
  omdlenie; nieprzytomność
under /ˈander/ prep. pod; poniżej; w; w trakcie; zgodnie
  z; z; adv. poniżej; pod spodem; adj. spodni; niższy
underneath /ˌanderˈniːs/ adv.
  pod spodem; poniżej; na dole
understand; understood; understood /ˌanderˈstaend; ˌander-
  ˈstud; ˌanderˈstud/ v. rozumieć; domyślać się; orientó-
  wać się; znać
understandable /ˌanderˈstaend-
  ebl/ adj. zrozumiały
unemployment /anˈemplojment/.
  s. bezrobocie
unfasten /ˈanˈfaːsn/ v. odcze-
  pić /się/; odpiąć /się/
unfold /ˈanˈfould/ v. ujawniać
  /się/; rozwijać /się/
uniform /ˈjuːnyfoːrm/ adj. jed-
  nolity; równomierny; s. uniform
union /ˈjuːnjen/ s. połączenie;
  związek; unia

unique /ju:'ni:k/ adj. wyjątkowy; jedyny; niezrównany

unit /'ju:nyt/ s. jednostka

unite /ju:'najt/ v. łączyć;
jednoczyć; zjednoczyć

unity /'ju:nyty/ s. jedność

universal /ju:ny'we:rsel/ adj.
powszechny; ogólny; uniwersalny

universe /'ju:nywers/ s. wszechświat; świat; ludzkość

university /,ju:ny'wersyty/ s.
uniwersytet; uczelnia

unjust /'an'dżast/ adj. nie-
sprawiedliwy

unless /an'les/ conj. jeżeli
nie; chyba że

unlikely /an'lajkly/ adj. nieprawdopodobny; nieoczekiwany

unpack /'an'paek/ v. rozpako-
wywać /się/

unpaid /'an'pejd/ adj. nieza-
płacony /bezinteresowny/

unpleasant /an'plezent/ adj.
nieprzyjemny; przykry

unreliable /'anry'lajebl/ adj.
niepewny; niesolidny

unrest /'an'rest/ s. niepokój;
zamieszki; niepokoje

unsatisfactory /'an,saetys'faek-
tery/ adj. niedostateczny

untidy /an'tajdy/ adj. nie-
chlujny; zaniedbany

until /an'tyl/ prep., conj.
do; dotychczas; dopiero; aż

unwilling /'an'łylyng/ adj.
niechętny

up /ap/ adv. do góry; w górę;
aż /do/; aż /po/; na /piętro/;
pod /górę/; v. podnosić

up to /'ap,tu/ adv. aż do

upon /e'pon/ prep. ="on"; na; po

upper /'aper/ adj. wyższy; górny; wierzchni

upright /'ap'rajt/ adj. prosty;
uczciwy; adv. pionowo; s. pionowy słup; podpora

uprising /ap'rajzyng/ s. pow-
stanie; wstawanie

upset /'apset/ v. zob. "set";
przewracać /się/; wzburzać; s.
porażka; roztrój; niepokój

upside-down /'apsajd'dałn/ adv.
do góry nogami; do góry dnem;
adj. odwrócony do góry nogami

upstairs /'ap'steerz/ adv. na
górę; na górze

up-to-date /'ap-tu-'dejt/ adj.
bieżący; nowoczesny

upwards /'apłerdz/ adv. w górę;
ku górze; na wierzch; wyżej

urge /e:rdż/ v. ponaglać; na-
legać; s. pragnienie

urgent /e:rdżent/ adj. pilny;
naglacy; gwałtowny

urine /'jueryn/ s. mocz

use /ju:s/ s. używanie; pożytek; zwyczaj; v. używać

used /ju:zd/ adj. przyzwyczajo-
ny; używany; stosowany

useful /'ju:zful/ adj. pożyte-
czny; dogodny

useless /'ju:zlys/ adj. niepotrzebny; bezużyteczny

usher /'aszer/ s. odźwierny;
woźny; bileter

usual /'ju:żuel/ adj. zwykły;
zwyczajny; normalny

usually /'ju:żuely/ adv. zwykle;
zazwyczaj

vacant /'wejkent/ adj. pusty;
wolny /np. pokój hotelowy/

vacation /we'kejszyn/ s. wakacje;
ferie; zwolnienie/mieszkania/

vaccinate /'weeksynejt/ v.
szczepić

vaccination /'waeksynejszyn/
s. szczepienie

vague /wejg/ adj. niejasny; nie-
wyraźny; nieokreślony

vain /wejn/ adj. próżny; pusty

valid /'waelyd/ adj. słuszny;
ważny; uzasadniony

valley /'waely/ s. dolina

valuable /'waeljuebl/ adj. wartościowy; cenny; kosztowny

value /'waelju:/ s. wartość; cenić; szacować; oceniać

vanish /'waenysz/ v. znikać

vanity /'waenyty/ s. próżność

variety /we'rajety/ s. rozmai-
tość; kabaret; odmiana

various /'weerjes/ adj. różny;
rozmaity; urozmaicony

vault /wo:lt/ s. sklepienie;
podziemie; piwnica; grobowiec;
v. przesklepiać

vegetable /'wedżytebl/ s. ja-
rzyna

vehicle /'wi:ykl/ s. pojazd

veil /wejl/ s. welon; woalka

verb /we:rb/ s. czasownik

vernacular /we:r'naekjuler/ adj.
rodzimy; miejscowy; krajowy;
s. gwara; język rodzinny

verse /we:rs/ s. wiersz; strofa

vertical /'we:rtykel/ adj. pionowy; linia pionowa

very /'wery/ adv. bardzo; absolutnie; adj. prawdziwy

vessel /'wesl/ s. naczynie; po-
jemnik; statek; okręt

vicinity /wy'synyty/ s. sąsiedztwo

vicious /'wy'szes/ adj. błędny;
występny; złośliwy; wadliwy

victim /'wyktym/ s. ofiara

victor /'wykter/ s. zwycięzca

victorious /wyk'to:rjes/ adj.
zwycięski

victory /'wyktery/ s. zwycięstwo

view /wju:/ v. oglądać; s. widok; pogląd; cel; ocena

village /'wylydż/ s. wieś

violence /'wajelens/ s. gwałtowność; gwałt; przemoc

violent /'wajelent/ adj. gwałtowny; wściekły

viper /'wajper/ s. żmija

virtue /'we:rczju:/ s. cnota

virus /'wajeres/ s. wirus

visibility /wyzy'bylyty/ s. widoczność

visit /'wyzyt/ v. odwiedzać; zwiedzać; s. wizyta; pobyt

visitor /'wyzyter/ s. gość

vitamin /'wajtemyn/ s. witamina

vogue /woug/ s. moda; popularność

voice /wojs/ s. głos; v. wymawiać dźwięcznie; wyrażać

void /woid/ s. próżnia; pustka; adj. próżny; pusty; pozbawiony czegoś; v. unieważnić

volume /'wolju:m/ s. tom; masa;
 objętość; ilość

vomit /'womyt/ v. wymiotować;
 s. wymioty

vote /wout/ s. głos; głosowanie;
 prawo głosowania; v. głosować

voucher /'wauczer/ s. dowód
 kasowy

voyage /'wojydż/ s. podróż
 /statkiem/

vulgar /'walger/ adj. ordynarny;
 wulgarny; prostacki

vulnerable /'walnerebl/ adj.
 czuły; wrażliwy; mający słabe
 miejsce; narażony na cios

wage /łejdż/ s. płaca; zarobek

waist /łejst/ s. talia; pas

wait /łejt/ v. czekać; oczekiwać; obsłużyć; s. czekanie

waiting room /łejtynrum/ s. poczekalnia

waitress /łejtryss/ s. kelnerka

wake; woke; woken/łejk; łouk;
 łoukn/ v. obudzić /się/; s.
 niespanie; ślad /po kimś etc./

wake up /'łejk,ap/ v. obudzić
/się/; ocknąć się

walk /ło:k/ v. przechadzać się;
chód; przechadzka; deptak

walk out /'ło:k,aut/ v. wyjść;
opuścić

walk over /'ło:k,ouwer/ v. wygrywać łatwo; traktować pogard-
liwie

walker /'ło:ker/ s. piechur

wall /ło:l/ s. ściana; mur;
wał; v. obmurować

wander /'łonder/ v. wędrować

want /ło:nt/ s. brak; potrzeba;
v. brakować; potrzebować

war /łor/ s. wojna; v. wojować

ward /ło:rd/ s. cela; sala; oddział; straż; v. odparować
cios

wardrobe /'ło:droub/ s. garderoba; szafa na ubranie

warehouse /'łeerhaus/ s. magazyn; dom składowy; v. składować

warm /ło:rm/ adj. ciepły; v.
ogrzewać /się/

warmth /'ło:rms/ s. ciepło;
serdeczność; zapał

warn /ło:rn/ v. ostrzegać

warning /'ło:rnyng/ adj. ostrze-
gawczy; s. ostrzeżenie

wary /'łeery/ adj. ostrożny

wash /ło:sz/ v. myć /się/;
prać; s. mycie; pranie

wash and wear /'ło:sz,end'łeer/
s. bielizna i odzież gotowa
do noszenia po praniu bez pra-
sowania

washing machine /'ło:szyng,me-
'szi:n/ s. pralka automatyczna

waste /łejst/ adj. pustynny;
pusty; nieużyty; v. pustoszyć;
psuć; s. pustynia; marnowanie

watch /ło:cz/ s. czuwanie; zegarek; v. czuwać; patrzyć;
mieć się na baczności

watchmaker /'ło:cz,mejker/ s.
zegarmistrz

water /ło:ter/ s. woda; morze;
v. podlewać

watermelon /'ło:ter,melen/ s.
arbuz; kawon

waterproof /'łoːterˌpruːf/
 adj. nieprzemakalny

wave /łejw/ s. fala; gest ręką;
 v. falować; machać; kiwać

wavy /'łejwy/ adj. falisty

wax /łaeks/ s. wosk; adj. wos-
 kowy; v. woskować; stawać się

way /łej/ s. droga; sposób

we /łiː/ pron. my

weak /łiːk/ adj. słaby

weaken /łiːkn/ v. osłabiać

weakly /'łiːkly/ adj. słabo-
 wity; adv. słabo

weakness /łiːknys/ s. słabość

wealth /łels/ s. bogactwo

wealthy /'łelsy/ adj. bogaty

weapon /'łepoń/ s. broń

wear; wore; worn /łeer; łoːr;
 łoːrn/ v. nosić; chodzić w
 czymś; zużywać; długo służyć;
 s. moda; zużycie

wear off /'łeerˌof/ v. zetrzeć
 /się/; zacierać /się/

weary /'łiery/ adj. zmęczony;
 znużony; v. męczyć; nudzić

weather /'łedzer/ s. pogoda;
 adj. atmosferyczny; wietrzeć

weave; wove; woven /łi:w; łouw;
 łouwn/ v. tkać; spleść

wedding /'łedyng/ s. ślub; wesele; adj. ślubny; weselny

we'd /łi:d/ = we had; we would;
 we should

weed /łi:d/ s. chwast; v. pielić

week /łi:k/ s. tydzień

weekly /'łi:kly/ adj. tygodnio-
 wy; adv. tygodniowo; s. tygodnik

weep; wept; wept /łi:p; łept;
 łept/ v. płakać; cieknąć; s.
 płacz; cieknięcie

weigh /łej/ v. ważyć /się/; równoważyć; s. ważenie

weight /łejt/ s. ciężar; waga;
 znaczenie; v. obciążać

weird /łierd/ adj. niesamowity;
 tajemniczy; dziwny; s. los

welcome /'łekem/ exp. witaj!
 s. powitanie; adj. mile wi-
 dziany; v. powitać

well; better; best /łel; beter;
best/ adv. dobrze; lepiej;
najlepiej

well /łel/ s. studnia; źródło;
klatka /schodowa/ adv. dobrze;
porządnie; całkiem; wyraźnie;
adj. dobry; w porządku; exp.
dobrze! a więc?

well-being /'łel'bi:yng/ s.
dobrobyt; powodzenie

west /łest/ s. zachód adj. zachodni; adv. na zachód

western /'łestern/ adj. zachodni; pochodzący z zachodu

wet /łet/ adj. mokry; wilgotny;
s. wilgoć; v. moczyć /się/

what /hłot/ adj. jaki; jaki tylko; ten; który; ten...co; taki...jaki; tyle...ile; pron.
co; to co; coś; excl. co?
jak to!

whatever /'hłot'ewer/ adj.
jakikolwiek; pron. cokolwiek;
wszystko co; co tylko; bez
względu; obojętnie co

wheat /hłi:t/ s. pszenica

wheel /'hłi:l/ s. koło; kółko;
v. obracać /się/; wozić tacz-
kami etc.

when /hłen/ adv. kiedy; kiedyż;
wtedy; kiedy to; gdy; przy;
podczas gdy; s. czas /zdarze-
nia/

whenever /'hłenewer/ adv. kiedy
tylko; skoro tylko

where /hłeer/ adv., conj. gdzie;
dokąd

wherever /,hłeer'ever/ adv.
wszędzie; gdziekolwiek

whether /'hłedzer/ conj. czy-
czy; czy tak; czy owak

which /hłycz/ pron. który; co;
którędy; dokąd; w jaki /spo-
sób/

while /hłajl/ s. chwila; conj.
podczas gdy

whip /hłyp/ s. bicz; v. chło-
stać; zacinać batem

whipped cream /'hłypt'kri:m/ s.
bita śmietana

whisper /'hłysper/ v. szeptać;
  szemrać; s. szept; szmer

whistle /hłysl/ v. gwizdać; s.
  gwizd; świst; gwizdek

white /hłajt/ adj. biały; s.
  biel; biały człowiek

who /hu:/ pron. kto; który

whoever /hu:'ewer/ pron. kto-
  kolwiek

whole /houl/ adj. cały; pełno-
  wartościowy; zdrowy; s. całość

wholesale /'houl,sejl/ s. hurt;
  adj. hurtowy; adv. hurtem

whom /hu:m/ pron. kogo? zob.who

whose /hu:z/ pron., adj. czyj;
  czyja; czyje; którego

why /hłaj/ adv. dlaczego; s.
  przyczyna; powód

wicked /'łykyd/ adj. niegodzi-
  wy; niedobry; paskudny

wide /łajd/ adj. szeroki; adv.
  szeroko; z dala /od czegoś/

widely /łajdly/ adv. szeroko;
  znacznie

widow /'łydou/ s. wdowa

width /łyds/ s. szerokość

wife /łajf/ s. żona

wig /łyg/ s. peruka

wild /łajld/ adj. dziki; s. pustynia; adv. na chybił trafił

will /łyl/ s. wola; testament; v. postanowić; chcieć

willing /,łylyng/ adj. skłonny; chętny

win; won; won /łyn; łon; łon/ v. wygrywać; zdobywać; przezwyciężać; s. wygrana; zwycięstwo

wind /łajnd/ v. nawijać; zwijać; /łynd/ s. wiatr; oddech

winding /łajndyng/ adj. kręcony; kręcący się

window /'łyndou/ s. okno

windshield /'łyndszyld/ s. szyba /przednia/ w samochodzie

wine /łajn/ s. wino

wing /łyng/ s. skrzydło; v. lecieć; szybować; uskrzydlać

winner /'łyner/ s. zwycięzca; laureat

winter /'łynter/ s. zima; adj.
zimowy; v. zimować

wipe /łajp/ v. wycierać s. star-
cie; wytarcie

wipe off /'łajp,o:f/ v. zetrzeć /plamę etc/

wire /łajer/ s. drut; telegram;
v. drutować; zatelegrafować

wisdom /'łyzdem/ s. mądrość

wise /łajz/ s. sposób; adj. mądry; roztropny

wish /łysz/ v. życzyć /sobie/;
s. pragnienie; życzenie; chęć

wit /łyt/ s. umysł; rozum; dowcip; inteligencja

witch /łycz/ s. czarownica

with /łys/ prep. z /kimś; czymś/
u /kogoś/; przy /kimś/; za /po-
mocą/; /stosownie/ do

within /łys'yn/ adv. wewnątrz;
w domu; w zasięgu; s. wnętrze

without /łysaut/ prep. bez;
na zewnątrz; adv. poza domem

witness /'łytnys/ s. świadek

witty /'łyty/ adj. dowcipny

woe /łou/ s. nieszczęście; prr

wolf /łulf/ s. pl. wolves
/łulvz/ wilk

woman /'łumen/ s. pl. women
/'łymyn/ kobieta

wonder /'łander/ s. cud; v.
dziwić się; być ciekawym

won't /łount/ = will not

wood /łud/ s. drzewo; drewno;
lasek

wool /łul/ s. wełna

woolen /łuln/ adj. wełniany

word /łe:rd/ s. słowo; wyraz;
adv. ustnie; słownie; adj.
wyrażony słowami; v. wyrazić

work; worked; worked /łe:rk;
łe:rkt; łe:rkt/ v. pracować;
s. praca; pl. fabryka; forty-
fikacje; ozdoby

worker /'łe:rker/ s. pracownik;
robotnik

world /łe:rld/ s. świat; ziemia; adj. światowy

worm /łe:rm/ s. robak

worn-out /'ło:rn,aut/ adj. zużyty; zniszczony; wynoszony

worried /'łe:ryd/ adj. zatros-
kany; zaniepokojony

worry /łe:ry/ v. martwić /się/;
narzucać /się/; s. zmartwienie

worse /łe:rs/ adj. gorszy /niż/;
s. coś gorszego; to co najgor-
sze; v. pogarszać się; adv.
gorzej

worsen /'łe:rsn/ v. pogorszyć
/się/

worship /'łe:rszyp/ s. cześć;
kult; v. czcić; uwielbiać

worst /łe:rst/ adj. najgorszy;
s. coś najgorszego; adj. najgorzej; najbardziej; v. pokonać

worth /łe:rs/ s. wartość; cena
adj. wart; opłacający się

worthless /'łe:rslys/ adj. bez-
wartościowy

worthwhile /'łe:rshłajl/ adj.
wart zachodu; opłacający się

would /łud/ v. zob. "will"
/forma warunkowa/

wound /łu:nd/ s. rana; v. ranić

wrap /raep/ v. zawijać; owijać; zapakować; s. okrycie

wreck /rek/ s. wrak; rozbicie się /np. statku/ v. rozbić /się/; zniweczyć nadzieje

wrench /rencz/ s. gwałtowne skręcenie; klucz nasadowy; v. szarpnąć

wrestling /'reslyng/ s. zapaśnictwo

wring; wrung; wrung /ryng; rang; rang/ v. wyżymać; wykręcać; s. wyżymanie; uścisk

wrinkle /rynkl/ s. zmarszczka; marszczyć /się/

wrist /ryst/ s. przegub

write; wrote; written /rajt; rout; rytn/ v. pisać

write down /'rajt,dałn/ v. notować; spisywać

writer /'rajter/ s. pisarz

wrong /ro:ng/ adj. zły; niewłaściwy; błędny; s. zło; v. skrzywdzić; adv. mylnie

wry /raj/ adj. krzywy; skrzy-
wiony

yacht /jot/ s. jacht; v. płynąć jachtem

yard /ja:rd/ s. jard /91,44cm/;
podwórze; dziedziniec

yawn /jo:n/ v. ziewać; s. ziew-
nięcie; ziewanie

year /je:r/ s. rok

yearly /je:rly/ adj. roczny;
coroczny; adv. corocznie; s.
rocznik

yell /jel/ v. wrzeszczeć; s.
wrzask

yellow /'jelou/ adj. żółty;
v. żółknąć

yes /jes/ adv. tak

yesterday /'jesterdy/ adv., s.
wczoraj

yet /jet/ adv., conj. dotąd; na
razie; jak dotąd; jednak; ani
też; mimo to

yield /ji:ld/ v. dawać; ustępować; s. plon; wydajność

yogurt /'jouguert/ s. jogurt

you /ju:/ pron. ty; wy; pan;
 pani; panowie; panie

young /jang/ adj. młody

your /jo:r/ adj. twój; wasz;
 pański

you're = you are

yours /juers/ pron. twój; wasz

yourself /,juer'self/ pron.
 ty sam

yourselves /,juer'selwz/ pron.
 wy sami

youth /ju:s/ s. młodość

youths /ju:dz/ pl. młodzież;
 młodzieniec

zero /'zierou/ s. zero; v. ustawiać na zero; brać na cel

zipper /'zyper/ s. zamek błyskawiczny

zloty /'zlouty/ s. złoty /pie-
 niądz polski/

zone /zoun/ s. strefa; zona

zoom /zu:m/ v. wzlatywać; wzbijać się szybko; śmigać; s.
 soczewka zbliżająca w apara-
 cie fotograficznym

POLISH VOWELS

Schematic ellipse of the tip
of the tongue positions

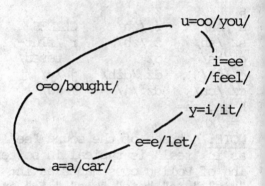

u=oo/you/

i=ee
/feel/

o=o/bought/

y=i/it/

e=e/let/

a=a/car/

Polish nasalized vowels:
A, ą /oṽn/ one nasalized sound
E, ę /aṽn/ two sounds:
short "a" and nasalized "n"
dąb /doṽnp/   kęs /kaṽns/
wąs /voṽns/   gęś /gaṽnsh/

POLISH CONSONANTS

UNVOICED	VOICED	NASALS
p	b	m
t	d	n
k and ḱ	g and ǵ	ń and ni
f	w /v/	/ň/
s	z	
ś /šh/	ź /žh/	GLIDES
sz /sh/	ż /zh/	r /flut-
c /ts/	dz	tered/
ć /čh/	dź /džh/	j /y/
cz /ch/	dż /j/	ł /w/
h and ch=		
= /kh/		

NOTE: A trace of the sound "ee"
as in "feel" is typical in soften-
ing of Polish consonants as in:
"kie","gie","pie","bie","mie",and
"wie" in the phonetic notation:"ḱ",
"ǵ","pye","bye","mye" and "vye".
The softened consonant is follow-
ed by vowel "e" /as in "let"/,
without which it is impossible
to pronounce.

SPEECH ORGAN DIAGRAM
for Polish consonants
not used in the English language

vocal
chords

"dź","dzi"/dżh/ and "ć","ci"/ćh/
air compressed behind lips and
teeth then suddenly released
/ex-plosives/;
"ź","zi"/żh/ and "ś","si"/śh/
air flow with continuous fric-
tion /fricatives/;
In each case the tip of the
tongue is at the tooth ridge.

POLISH SOUND "R"

is fluttered and may be pro-
nounced alone like Scottish "R"

vocal
chords

Mouth is slightly open; tip of
the tongue is raised; it vibr-
ates on exhailing impulse and
strikes the toothridge; sides of
the tongue touch back teeth.
Tongue does not glide as far as
needed to pronounce the English
"R"

SAMOGŁOSKI ANGIELSKIE

Schematyczna elipsa pozycji języka dla dwunastu samogłosek angielskich /wymowa amerykańska/.

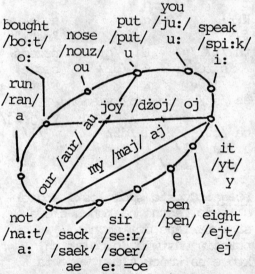

Trzy podstawowe dwugłoski angielskie: diphtongs /'dyftons/ są zaznaczone wewnątrz elipsy

SPÓŁGŁOSKI ANGIELSKIE

Bezdźwięczne	Dźwięczne	Nosowe
p	b	m
t	d	n
k	g	n jak w
f	v /w/	"ng"i"nk"
th /t/ /s/	th /đ/	przejś-
strona:	/dż/ /z/	ciowe:
s ⌐406	z	r strona:
sh /sz/	/ż/ vision	⌐407
	/'wyżyn/	y /j/aj/
ch /cz/	j /dż/	w /l/
h hw /hl/	ł	
why /hłaj/		

Uwaga: Często spółgłoski angielskie dźwięczne na końcu słowa
są wymawiane dźwięcznie / w
przeciwieństwie do polskich,
które na końcu słowa wymawia
się bezdźwięcznie/.

ANGIELSKI DŹWIĘK "TH"

struny
głosowe

angielska spółgłoska "th" "se-
pleniona", koniec i przód jezy-
ka szeroko spłaszczony, widzial-
ny między zębami; ciągły przelot powietrza między zębami i
wargami.

Bezdźwięczna: thank /taenk/
                bath /ba:s/
Dźwięczna: they /dzej/
                those /douz/
                bathing /bejzyng/

ANGIELSKI DŹWIĘK "R"

struny
głosowe

Angielska spółgłoska "r": usta
nieco otwarte; koniec języka u-
niesiony wklęsłym podgięciem ku
tyłowi, nie dotyka podniebienia;
boki języka dotykają zębów; wymowa możliwa tylko w przejściu
od lub do samogłoski. Dźwięk angielski spółgłoski "r" przypomi-
na lekkie rzężenie.

ABBREVIATIONS - SKRÓTY

adj.	-adjective	-przymiotnik
adj.f.	-adjective fem.	" żeński
adj.m.	-adjective masc.	" męski
adj.n.	-adjective neutr.	" nijaki
adv.	-adverb	-przysłówek
conj.	-conjunction	-spójnik
f.	-substantive feminine	-rzeczownik żeński
m.	-substantive masculine	-rzeczownik męski
n.	-substantive neuter	-rzeczownik nijaki
part.	-particle	-partykuła
pl.	-substantive plural	-rzeczownik liczba mnoga
prep.	-preposition	-przyimek
pron.	-pronoun	-zaimek
s.	-substantive	-rzeczownik
see	-see	-zobacz
v.	-verb	-czasownik
wg.	-according to	-według
zob.	-see	-zobacz